La Lumière de Souleymane Cissé

Cinéma et Culture

Images plurielles

Collection dirigée par Olivier Barlet

Face à la menace de standardisation occidentale, la collection *Images plurielles* se donne pour but de favoriser la recherche, la confrontation et l'échange sur les scènes et écrans œuvrant de par le monde, dans les marges géographiques aussi bien que dans la marginalité par rapport aux normes dominantes, à une pluralité de l'image. Elle est ouverte aux champs de l'écriture, de l'esthétique, de la thématique et de l'économie pour le cinéma, l'audiovisuel et le théâtre. Elle privilégie, hors de toute chapelle de pensée, la lisibilité du texte, la liberté des idées et la valeur documentaire.

Déjà parus

Ibrahim YAHAYA, *L'expédition coloniale Voulet-Chanoine dans les livres et à l'écran,* 2012.
Roy ARMES, *Dictionnaire des cinéastes arabes du Moyen-Orient*, 2011.
Karine BLANCHON, *Les cinémas de Madagascar (1937-2007)*, 2009.
Stéphanie BERARD, *Théâtre des Antilles. Traditions et scènes contemporaines*, 2009.
H.-F. IMBERT, *Samba Félix Ndiaye cinéaste, documentariste africain*, 2007.
José Alexandre CARDOSO MARQUES, *Images de Portugais en France : Immigration et cinéma*, 2002.
Raphaël MILLET, *Cinémas de la Méditerranée, Cinémas de la mélancolie,* 2002.
Martine BEUGNET, *Marginalité, sexualité, contrôle dans le cinéma contemporain*, 2000.
Paulo Antonio PARANAGUÀ, *Le cinéma en latine : le miroir éclaté*, 2000.
Jean-Thobie OKALA, *Les télévisions africaines sous tutelle*, 1999.
Yves THORAVAL, *Les cinémas de l'Inde*, 1998.
Sylvie CHALAYE, *Du Noir au nègre : l'image du Noir au théâtre (1550-1960)*, 1998.
Bernadette PLOT, *Un manifeste pour le cinéma : les normes culturelles dans la première* Revue du cinéma, 1997 (prix Simone Genevois).

Samuel Lelièvre

La Lumière de Souleymane Cissé

Cinéma et Culture

Préface de Jean-Michel Frodon

L'Harmattan

L'image de la couverture est reproduite avec l'aimable autorisation de trigon-film (www.trigon-film.org).

5-7, rue de l'École-Polytechnique ; 75005 Paris
http://www.librairieharmattan.com
diffusion.harmattan@wanadoo.fr
harmattan1@wanadoo.fr
ISBN : 978-2-343-00201-9
EAN : 9782343002019

A la mémoire de Joseph Lelièvre, mon père

A Arielle, Arthur, Audrey, et Doris

SOMMAIRE

PREFACE

L'histoire de *Yeelen* est une histoire tragique. Il n'est pas ici question de ce que raconte le film de Souleymane Cissé, mais de ce qui est advenu au film lui-même, de ce qu'il a représenté, à son époque et à travers les années depuis. Lorsque le film est projeté au Festival de Cannes 1987, et y remporte la première récompense décernée par ce festival à un film d'Afrique noire, l'affaire paraît claire : avec cette œuvre impressionnante, ce qu'on appelle alors « le cinéma africain » – en fait un certain cinéma d'Afrique de l'Ouest francophone – tient une sorte de champion, à la fois héros et héraut de ce qui semble alors un mouvement puissant et voué à un bel avenir.

Après le grand précurseur Ousmane Sembene (qui n'avait plus tourné depuis 9 ans et dont *Camp de Thiaroye*, la même année, déçoit), Souleymane Cissé devient la figure la plus en vue d'une génération de cinéastes qui a commencé de s'imposer dans les festivals spécialisés. C'est le cas en Afrique, où les deux précédents longs métrages du réalisateur malien, *Baara* et *Finyé*, ont reçu successivement le premier prix du Fespaco, le deuxième film ayant même l'honneur rarissime de cumuler l'autre grande récompense du continent, le Tanit d'or des Journées Cinématographiques de Carthage. Et c'est aussi le cas en Europe, notamment, en France avec les Trois Continents à Nantes. Le plus puissant distributeur français de l'époque, AMLF piloté par Claude Berri, a senti le vent, et prend *Yeelen* en distribution, lui assurant une sortie française, le 2 décembre 1987, comme n'en avait connu aucun film du continent – y compris une version doublée en français, curiosité pour une œuvre saturée de référence à la culture bambara, et qui suscitera une polémique.

Yeelen ne sera pas un succès commercial. Souleymane Cissé mettra sept ans à pouvoir terminer un nouveau film, *Waati*. Surtout, malgré une visibilité accrue, en Europe, pour les films d'Afrique de l'Ouest, avec comme nouvelle figure de proue le burkinabè Idrissa Ouédraogo, l'ampleur des blocages matériels et politiques en Afrique, l'indifférence et la corruption des pouvoirs en place, l'absence d'infrastructures, les contradictions et impasses de cinématographies vivant dans une relation trop dépendante de l'ancienne puissance coloniale, la solitude des artistes qui se sont lancés dans cette épopée sont autant de facteurs qui en feront une défaite certes émaillée de magnifiques combats, mais une défaite quand même, consommée avant le milieu des années 90.

Depuis, malgré les beaux parcours de Mahamat-Saleh Haroun ou d'Abderrahmane Sissako, aucun mouvement d'ensemble n'est venu reprendre le flambeau. L'aube qui illumine le début et la fin de *Yeelen* n'aura pas été celle de l'entrée glorieuse des films d'Afrique noire sur la scène internationale du cinéma, la lumière invoquée par son titre n'aura pas éclairé l'avenir radieux du cinéma de ce continent qu'on a alors espéré, ni même l'avenir de son auteur.

Et, avec les années, le film est devenu difficile à voir[1], les copies étant peu accessibles et souvent en mauvais état, situation particulièrement dommageable alors que les images sont d'une extraordinaire beauté.

On ne saurait repenser à ce qui s'est joué alors sans un immense regret. Parce que ce film-là, particulièrement, était porteur d'une promesse singulière, promesse qui n'aura pas trouvé à s'accomplir. Bien davantage que les autres films d'Afrique noire, y compris les très grandes œuvres de Sembène, le génial *Touki Bouki* de Djibril Diop Mambety ou les beaux débuts de Gaston Kaboré, y compris également les précédents films de Cissé, *Yeelen* était une proposition d'une formidable nouveauté, d'une extrême singularité. Le seul peut-être qui ait mis en œuvre, dans des conditions qui auraient pu être partageables par des spectateurs africains et non-africains, une proposition de film porteuse d'une véritable rupture avec les codes cinématographiques en vigueur, une irruption d'un autre rapport au monde, aux histoires, aux images. *Yeelen* est porteur d'une profonde remise en question pour des spectateurs étrangers à la culture dont est il est issu – en tout cas la culture bambara, possiblement, mais on ne saurait l'affirmer de manière stricte, un ensemble culturel plus vaste, lié à la géographie et / ou aux systèmes de croyance. Pour les spectateurs occidentaux, le film de Cissé constituait une opportunité rare d'« entrer dans une pensée », pour reprendre le titre d'un beau livre de François Jullien,[2] appliqué à un tout autre contexte, mais dont la méditation peut dans une large mesure s'appliquer aux vertus de cette

1. En revanche, il existe deux éditions DVD pour la zone francophone, chez Potemkine et chez Trigon.
2. François Jullien, *Entrer dans une pensée, ou des possibles de l'esprit*, Paris, Gallimard, 2012.

rencontre africaine aussi bien qu'à la rencontre chinoise promue et pensée par l'auteur de *De l'universel, de l'uniforme, du commun et du dialogue entre les cultures*.[3]

Ce phénomène, et la puissance de déflagration dont il est porteur, tiennent à la manière dont *Yeelen* se consacre à des situations, des personnages et des références issues de la culture bambara, notamment dans ses relations à des pratiques surnaturelles, à l'organisation des rapports familiaux, aux pôles de pouvoir visibles ou occultes, à l'utilisation de certains objets, de certains mots, etc. Mais surtout, de manière beaucoup plus décisive, c'est la forme même du film qui introduit cette rupture avec les systèmes de narration et de représentation habituels. Cette forme est la résultante de plusieurs forces hétérogènes : les canons du récit oral et ésotérique de la tradition dont il est issu, l'art singulier du cinéaste Souleymane Cissé, compositeur d'images tout autant que conteur et intellectuel engagé, et enfin les conditions matérielles de réalisation du film. Ces conditions ont joué un rôle important dans la forme du film, notamment les disjonctions, ellipses et déplacements qui s'y jouent. Souleymane Cissé en faisait volontiers état[4], revendiquant à la fois la contradiction assumée entre ses exigences, notamment en terme de qualité d'image, mais aussi de son et de musique, et les contraintes matérielles subies, mais aussi du fait des interférences « magiques » (et hostiles) avec son tournage, interférences directement liées à des éléments du film. De nombreux incidents, certains tragiques telle la mort d'un des acteurs

3. François Jullien, Paris, Fayard, 2008.
4. Entretien avec l'auteur à l'époque de la sortie du film (inédit).

principaux, Ismaïla Sarr[5], expliquent que le film ait mis près de quatre ans à trouver la forme sous laquelle nous le connaissons.

La vision de *Yeelen* est une véritable aventure, une aventure du regard mais surtout une aventure de l'esprit. Dès la première image, ce coq surgissant brusquement sur le pilon magique pour aussitôt prendre feu, se pose la question de la nature et du sens de ce à quoi on assiste. Certaines séquences, notamment celle chez les Maîtres forgerons, totalement déconnectée de tout ce qui ressemblerait à un enchainement dramatique, suscitent un trouble qui rien ne viendra résoudre, dans ce qui se dit aussi bien que dans la circulation de la parole, l'organisation de l'espace, l'agencement des cadres.

Une part décisive de la puissance du film tient à la façon dont Souleymane Cissé prend au sérieux les différents modes qu'invoquent sa mise en scène, y compris des processus surnaturels qu'il n'est pas question d'expliquer, mais aussi bien la dimension ethnologique qui se soucie d'étudier ces pratiques, et à laquelle se réfèrent les cartons explicatifs, cette fois, du début, en même temps que les qualités narratives et spectaculaires dont est capable un film. La vivacité des petits contes enchâssés dans le grand récit, épisodes apparemment presque indépendants où la

5 Ami de Souleymane Cissé, Ismaïla Sarr avait joué dans tous les précédents films du réalisateur. Sa disparition au bout de trois mois de tournage a contraint Cissé, très affecté par sa mort, à chercher un nouvel interprète pour le rôle du père (Niamanto Sanogo). Le cinéaste a tenu à garder la trace de la présence d'Ismaïla Sarr, devenu l'oncle Baffing, qui apparaît et disparaît à deux reprises, image menaçante dans la calebasse au début, puis puissant magicien dominant et humiliant le roi peul Rouma Boll (Balla Moussa Keita).

précision de la mise en situation et la vigueur du déroulement de l'action s'enrichissent d'un usage souvent très économe de la parole, fait écho à la séduction des images, en particulier des corps, des couleurs, des lumières et des paysages. Les deux interventions musicales, par Salif Keita et Michel Portal, y jouent aussi leur rôle.

Cette puissance proprement esthétique renforce la complexité et la singularité de *Yeelen*. Et c'est à nouveau cette complexité et cette singularité que prend en charge Samuel Lelièvre en se livrant à une opération très originale dans l'ouvrage qu'il lui consacre. En effet, il semble qu'il s'agisse d'abord de confronter le film aux multiples approches théoriques qui étaient susceptibles d'essayer de le prendre en charge. Samuel Lelièvre le fait avec méthode, érudition et, ce qui n'est pas le moins remarquable, une grande disponibilité à ce que ces grilles de lecture sont susceptibles d'apporter, une sorte de bienveillance de principe qui renforce son propos à mesure qu'il met en évidence combien chacune de ces constructions échoue sinon toujours à dire quelque chose de *Yeelen*, du moins à prendre en charge la totalité de ce dont le film est porteur.

Dès lors, et là est l'étrange opération, c'est l'œuvre de Souleymane Cissé telle que mobilisée ici par Samuel Lelièvre qui, d'objet d'analyse, devient analyseur critique de ces système théoriques. Jamais caricatural, le résultat est aussi réjouissant qu'instructif. La seule construction théorique qui conserve sa pertinence n'est justement pas un système, mais une procédure d'approche, celle qui est évoquée en référence aux travaux de Jean-Loup Amselle et de la notion de « branchement ». Elle permet notamment de prendre en charge la dimension politique de l'œuvre de Cissé, sans édulcorer ni caricaturer sa complexité, ni son caractère inquiétant.

Comme il l'indique lui-même, Samuel Lelièvre invoque cette notion parce qu'elle a été développée par Amselle « afin de sortir de l'usage abusif qui a pu être fait de celle de « métissage » depuis environ deux décennies. » Mais à vrai dire cette notion de « branchement », qu'il semble très possible d'inscrire dans un cadre de référence plus vaste, exemplairement celui de « l'acteur-réseau » développé par Bruno Latour et Michel Callon, travaille de l'intérieur la totalité des développements de Lelièvre, dans un jeu extrêmement fécond de dé-liaison (des systèmes construits) / ré-attachement (entre des niveaux de compréhension et d'effectivité intérieurs au film). Cette dynamique, directement inspirée par le film mais dont il n'était pas évident de trouver les transpositions sous cette forme de questionnement, est un fort bel hommage à la singularité et à la puissance intacte de la Lumière selon Souleymane Cissé.

Jean-Michel Frodon

NOTE LIMINAIRE

Yeelen de Souleymane Cissé est inscrit au *programme du baccalauréat* et les élèves de Terminale L section cinéma et audiovisuel sont susceptibles d'être examinés sur le film de Souleymane Cissé lors des sessions de 2011 à 2013.[1] Au-delà de la difficulté de cette épreuve, le fait qu'un film africain soit au programme constitue, en soi, une excellente nouvelle pour les cinémas africains eux-mêmes. On pourrait être tenté d'interpréter cela comme une forme de reconnaissance de ces cinématographies – ce qui n'enlève rien, par ailleurs, à la complexité de cette œuvre. Car *Yeelen* est difficile à appréhender, d'une part, en raison de la singularité même d'un film pétri de références à un certain nombre de cultures d'Afrique de l'Ouest et, d'autre part, parce qu'il sort assez largement du cadre stylistique et historique des cinémas habituellement étudiés dans l'enseignement secondaire ainsi qu'à l'Université. Par leur culture ou leur centre d'intérêts, les candidats du baccalau-

1. Bulletin officiel du ministère de l'Éducation nationale, 4 mars 2010. http://www.education.gouv.fr/cid50714/mene1003328n.html

réat ne sont généralement guère préparés à travailler sur ce type d'œuvre.

Cet ouvrage veut contribuer à aider les enseignants dans leur travail sur le film de Cissé. Il reprend certaines parties d'une thèse de doctorat traitant de l'ensemble du cinéma de Souleymane Cissé.[2] Par ailleurs, certains chapitres de ce livre ont été publiées, sous des formes différentes, dans la revue canadienne *Cinémas* (vol. 11, no. 1, 2000) ainsi que dans la revue française *CinémAction* (numéros 106 et 108 parus en 2003) : je remercie les éditeurs de ces revues pour m'avoir autorisé à reprendre ces textes pour le présent ouvrage. J'ai également eu l'occasion de présenter des parties de cette recherche lors de nombreuses interventions académiques, notamment en 2013 à l'occasion du séminaire « Genèses cinématographiques » dirigé par Jean-Loup Bourget et Daniel Ferrer à l'Ecole Normale Supérieure de Paris. Alors que la recherche sur les cinémas africains se structure (très) progressivement – faisant qu'elle reste soumise à des pratiques sortant du cadre de l'éthique scientifique et universitaire –, il m'a semblé important de donner aux enseignants et aux cinéphiles la *version originale* de travaux sur *Yeelen* et, indirectement, sur le cinéma de Souleymane Cissé. Le lecteur et l'enseignant disposera ainsi d'outils plus directement en phase avec ce qui se produit sur le plan universitaire. Pour l'épreuve du Baccalauréat aussi bien qu'au niveau de la recherche scientifique, une approche plus conséquente et élaborée des cinémas africains demeure un combat d'avenir.

---

2. Voir Samuel Lelièvre, *Le cinéma paradoxal de Souleymane Cissé. Une approche de l'altérité du film africain*, Lille, ANRT (no. 31279), 1999.

Je suis finalement redevable auprès de personnes m'ayant encouragé et soutenu lors de la réalisation de cet ouvrage. Je dois remercier tout d'abord Dudley Andrew pour m'avoir incité à écrire ce livre dans le prolongement de travaux et discussions antérieurs. Je remercie encore Gaël Brunet pour la relecture amicale de mon texte et son appui constant. Je suis reconnaissant à Andrée Davanture pour les échanges au sujet du cinéma de Cissé. Enfin, je remercie Jean-Michel Frodon et Olivier Barlet pour leur intérêt dans ce projet et pour leur soutien. Plus généralement, je suis redevable envers toutes les personnes qui, depuis une quinzaine d'années, à travers des manifestations académiques, des festivals, et diverses autres occasions, m'ont aidé à *penser autrement* les cinémas africains. Ce livre est le fruit de ces échanges.

I - PROLOGUE : ETUDIER *YEELEN*

Dans une langue qu'ils connaissaient (le cinéma),
quelqu'un leur disait très fermement que de
l'Afrique nous ne savons rien.
Serge Daney [1]

Ces notes que Serge Daney rédigeait après une projection de *Yeelen* rappellent que parmi les cinémas du monde ceux d'Afrique sont probablement les plus exposés aux malentendus. Il s'agit donc de nourrir quelques scrupules sur la façon d'aborder le film de Souleymane Cissé. En réalité, face à *Yeelen*, on est assez directement confronté à ce qu'on pourrait définir comme un "écart cognitif"[2] entre le film et son spectateur dans la mesure où il n'y a jamais adéquation complète entre, d'un côté, les significations ou

1. Serge Daney, « Cissé très bien, qu'on se le dise », *Libération*, 9-10 mai 1987, p. 24.
2. Tout au long de cette étude, je ferai usage de deux types de guillemets : les guillemets traditionnels (« ... ») sont utilisés dès lors qu'il s'agit d'une citation externe ou interne au présent texte ; les guillemets dits "anglais" ("...") sont utilisés pour indiquer que le mot, l'expression, ou la phrase considérés sont l'objet d'une analyse interne au texte ou ne sont pas nécessairement validés par ladite analyse.

le mode de fonctionnement narratif de ce film et, d'un autre côté, le savoir ou les compétences d'un spectateur. Dans le même temps, comme le rappelle la phrase de Daney, nous comprenons *Yeelen* comme un film qui ouvre sur un monde que, généralement, nous ne connaissons pas ou peu. Ce n'est évidemment pas le seul film de l'histoire du cinéma dans ce cas, mais le film de Cissé pourrait être considéré comme assez paradigmatique.[3] Par ailleurs, il est également représentatif d'une problématique propre à une partie de la production cinématographique africaine : développer une "identité propre" et, en même temps que ce processus de construction identitaire se déploie, être reconnu par les autres. Dès lors, pour aborder *Yeelen*, il est nécessaire de sortir des sentiers battus et de considérer un *"sens global"*, c'est-à-dire un ensemble de significations et de "valeurs esthétiques" qui doit être situé dans le cadre d'un rapport d'altérité – entre le cinéaste et ceux à qui il s'adresse, entre le film lui-même et ses spectateurs à travers le monde – tout en étant enraciné dans un contexte socioculturel spécifique. *Yeelen* nous ouvre de cette façon sur un univers largement inédit dans l'histoire du cinéma mondial. Comment appréhender ce "sens global", cependant ?

Considérons tout d'abord le *cadre théorétique* dans lequel se situer.[4] Une des premières approches de *Yeelen* pourrait se jouer dans le cadre d'un "formalisme", lequel consiste-

3. C'est ce qui peut faire son attrait pour l'enseignement du cinéma, ainsi que sa difficulté, à côté des films plus "classiques" que les étudiants peuvent avoir l'habitude d'analyser.

4. Le terme de « théorétique » désigne « ce qui a pour objet la théorie » ; il englobe la « théorie », cette dernière se déterminant plus directement par rapport à une expérience de l'objet esthétique et des pratiques artistiques.

rait à réduire ce film à son style, à son mode de fonctionnement formel, ainsi qu'à sa beauté visuelle, et à en déduire diverses appréciations d'ordre général (« *Yeelen*, c'est la "magie de l'Afrique" » ; « *Yeelen*, c'est "le cinéma africain" » etc.). L'objectif de cette étude est non seulement de montrer que *Yeelen* ne se résume pas à cela mais surtout que le formalisme ne permet pas de véritablement expliquer pourquoi, en effet, ce film est important dans l'histoire du cinéma mondial. Une seconde approche possible pourrait être qualifiée d'"empiriste". Le film y serait appréhendé en partant du principe que si un "sens global" existe, il devrait être accessible à quiconque. Mais ce qui apparaîtrait ainsi seraient plutôt la somme des significations, diverses et variées, résultant des interprétations que l'on peut faire à propos de *Yeelen* ; or, le "sens global" de ce film reste relatif à une expérience esthétique selon laquelle *Yeelen* est inséparable du contexte socioculturel dont il est issu et auquel il se rapporte – et qu'il reconstruit en partie. Une troisième approche serait celle qui est généralement attribuée au "structuralisme" : celui-ci poserait que la valeur esthétique d'un film comme *Yeelen* existe à travers un certain nombre d'éléments invariants (d'ordre stylistique, thématique, narratif, symbolique etc.) et indépendants de la façon dont ceux-ci fonctionnent concrètement à l'intérieur d'un contexte donné. La genèse et l'historicité du film de Cissé rappellent qu'une telle approche est encore moins tenable : dans un autre contexte socioculturel et selon d'autres circonstances historiques ou conditions de réalisation, *Yeelen* n'aurait pas été ce film-là. Un lien doit être établi entre ce film en tant qu'objet, récit ou résultat d'une pratique singulière, d'une part, et un contexte culturel, social ou historique, d'autre part. En somme, il est nécessaire de se situer dans le cadre d'un « contextualisme » selon lequel, explique Jerrold Levinson, une œuvre d'art « s'apparente à une énonciation dans une situation linguistique spécifique, à une action faite dans des circonstances historiques spécifiques et au résultat obtenu par un individu qui agit selon des contraintes spécifiques sur un problème spécifique ou sur une base préalable spécifique dans un domaine donné. »[5] Levinson rappelle par ailleurs que le « contextualisme esthétique » est précisément ce qui permet de contourner les obstacles du « formalisme », de l'« empirisme », et du « structuralisme » tels que décrits précédemment.[6]

Une telle approche ne s'oppose pas, dans son principe général, à ce que propose la « sémio-pragmatique du cinéma » ; la différence se situerait dans le fait d'utiliser le terme même de « contexte », avec ce que cela comporterait d'indétermination ou d'imprécision, quand l'approche sémio-pragmatique s'intéresse, de manière aussi concrète que possible, à des environnements institutionnels, des problématiques d'ordre « communicationnelle » entre le film et son spectateur etc.[7] C'est que *Yeelen* doit davantage être relié au développement des cinémas non-occidentaux au cours du 20ème siècle et à des enjeux de reconnaissance qu'à un environnement institutionnel

5. Jerrold Levinson, « Contextualisme esthétique », *Philosophiques*, vol. 32, no. 1, 2005, p. 128.

6. Voir Jerrold Levinson, *op. cit.*, p. 125-133. Levinson veut également, dans un second temps, valider le « contextualisme » par opposition au « déconstructionnisme », au « relativisme », et au « nihilisme ». Même si certains discours sur les cinémas africains ont pu se réapproprier, d'une part, certaines thèses « déconstructionnistes » et, d'autre part, ont pu déboucher sur diverses formes d'« essentialisme » assimilable à des formes de « relativisme », cette étude n'est pas le lieu d'en rendre compte : ces tendances sont moins représentatives de la situation des travaux sur ces cinémas que des controverses idéologico-théoriques d'ordre plus général.

7. Roger Odin, *De la fiction*, Bruxelles, De Boeck Université, 2000.

solidement établit et à des « espaces de communication » clairement légitimé sur le plan politique – pour ne rien dire ici des problématiques économiques et juridiques pouvant rendre périlleuse la recherche sur les cinémas africains. J'utilise donc le terme de « contexte » eu égard à ce "sens global" d'un cinéma africain et pour autant que ce sens à la fois nous permet d'appréhender un film comme *Yeelen* et nous échappe en partie – et, surtout, à condition d'envisager un « contextualisme » de manière neutre ou "technique", et non pas comme un obstacle à « l'exigence d'universalisation ».[8] Compte tenu de la situation de la recherche sur les cinémas africains et en introduction à cette étude, ce cadre théorétique doit être rappelé. Je fais mienne l'approche historico-interprétative du « contextualisme » ; du point de vue d'une philosophie herméneutique, on dira qu'il convient de *décontextualiser / recontextualiser* le film de Cissé. Plus généralement, il est souvent nécessaire, pour comprendre les cinémas africains, de reconstituer leur contexte de réalisation et de référence pour aller ensuite au-delà de ce même contexte.

Une telle approche n'exclut pas, en ce sens, un rapport empirique et pragmatique à ce contexte malien et ouest-africain. S'agissant d'une monographie sur un film ayant suscité de nombreuses critiques et, pour cette raison, qui doit également être appréhendé à l'intérieur d'une histoire interprétative et cinéphilique particulière, j'aurai à m'appuyer sur des travaux plus directement spécialisés dans les études cinématographiques ou, quand c'est pos-

8. Pour reprendre ici la formule de Ricœur, après sa mise en garde sur les risques associés à « une apologie de la différence pour la différence » au nom d'arguments dits « contextualistes ». Voir Paul Ricœur, *Soi-même comme un autre*, Paris, Editions du Seuil, 1990, pp. 332-333.

sible, dans les études sur les cinémas africains. Une telle exigence me conduira à sortir quelque peu de la prudence épistémique propre à l'esthétique philosophique en me situant dans une *perspective "ontologique"* héritée d'André Bazin, poursuivie par Serge Daney, et développée par Gilles Deleuze.[9] Il s'agit alors de dire que le cinéma entretient un rapport privilégié avec le "réel". Souleymane Cissé, comme d'autres cinéastes africains, a pu fonder sa vocation professionnelle et artistique dans cette disposition du médium cinématographique pour l'exploration et la révélation des choses réelles. Après avoir largement contribué au développement d'un réalisme social propre aux cinémas africains, Cissé s'est trouvé engagé dans une nouvelle manière de faire ; il a élaboré, avec *Yeelen*, un récit plus riche et plus complexe – augmentant significativement, par ailleurs, les spéculations des commentateurs et les risques d'erreurs interprétatives. Mais si les modalités de la représentation et de l'invention du récit ont changé avec ce film, le lien avec les réalités africaines demeure important, en déterminant l'engagement d'ordre politique du cinéaste mais en étant aussi, de manière plus fondamentale, à la source d'une pratique artistique et cinématographique africaine.

Le film de Souleymane Cissé doit ensuite être situé au sein de l'*évolution de cette pratique*. C'est dans ce cadre, en-

9. Du reste, un auteur comme Levinson ne s'oppose pas au champ ouvert par Bazin : il s'y réfère notamment dans « Seeing, Imaginarily, at the Movies » (*The Philosophical Quarterly*, vol. 43, no. 170, 1993, p. 77). Par ailleurs, après avoir listé les philosophes auxquels il est redevable sous une forme ou une autre, Levinson cite Bazin comme l'une de ses trois références principales dans le champ des études sur le cinéma, à côté de Siegfried Kracauer et de Susan Sontag (*L'art, la musique, l'histoire*, Paris, Editions de l'Eclat, 1998, p. 9).

globant une dimension à la fois "existentielle" et poïétique[10] – le parcours personnel et poético-pratique d'un cinéaste africain – et des aspects socio-anthropologiques – les milieux dans lequel ce cinéaste installe et élabore cette pratique –, que l'on examinera ce qu'on pourrait définir comme un "cinéma de la totalité".[11]. La difficulté est d'appréhender en même temps un rapport à une "globalité socioculturelle" et une pratique cinématographique qui viendra nécessairement altérer cette dernière, non seulement parce qu'elle procède d'une adaptation à un médium ancré dans la mondialisation mais parce que l'invention narrative du cinéaste est elle-même le résultat de relation d'échanges interculturels.[12] La poïétique du cinéma de Cissé s'identifie à ce rapport d'altérité à l'œuvre dans un cinéma africain, mais une altérité non réductible au cadre d'une éthique au-dessus de la culture et de l'esthétique : elle est aussi le produit de cette poïétique où s'établissent des relations à la culture et à l'esthétique caractéristiques d'un film africain. Souleymane Cissé fait du cinéma "un monde en soi" – le produit de son imagination et d'une invention – et l'outil d'exploration et de révélation *du* monde (réel). Mesurer la richesse et la profondeur de *Yeelen* reviendra à reconstituer ce "monde en soi" – assi-

10. Le terme de "poïétique" est utilisé dans son sens étymologique (notamment après Paul Valéry) : « ce qui est productif », un passage par la matérialité qui crée le sens d'une pratique artistique et esthétique. Il renvoie aussi à la possibilité d'une approche « génétique » d'un cinéma africain.

11. J'utilise cette expression par référence, d'une part, à la notion de « tout » (*holos*) en poétique servant à désigner, depuis Aristote, le récit (« …avec un début, un milieu et une fin ») et, d'autre part, à la volonté du cinéaste de se rattacher à une "globalité socioculturelle".

12. Pouvant parfois conduire à des formes d'"hybridations culturelles".

milé ici à la fois à un récit filmique et à un rapport artistique à une “globalité socioculturelle” – et les liens avec un contexte réel. On est conduit par ce biais à approcher un devenir et une évolution interne à une pratique cinématographique dans un contexte africain. Pour autant, quand un critique se hasarde à le questionner sur cette évolution, en évoquant notamment son film précédent, le cinéaste ne tarde pas à sortir de ses gonds : « Ah non, *Finyé* et *Yeelen*, ce sont deux histoires qui n'ont rien à voir ensemble. Quand je vois *Yeelen*, je ne pense ni à *Finyé* ni à *Baara*. *Yeelen* est une histoire à part. On ne doit pas faire de lien avec les autres films. C'est un autre monde, d'un autre temps. Autrement, je n'évoluerais pas. Et vous m'auriez dit que je n'étais capable que de faire des *Finyé*. Alors que moi, je suis tenté de faire autre chose, de voir de quoi je suis capable. »[13] Le cinéaste travaillerait comme un chercheur dont chaque film est une expérience nouvelle lui donnant l'occasion d'avancer dans sa recherche.

Plus généralement, le cinéma de Cissé semble se jouer à travers la dialectique suivante : d'un côté, il est issu de conceptions proches du tiers-mondisme et du panafricanisme sans qu'on puisse le limiter à ces programmes politiques ; d'un autre côté, une proximité réelle mais indirecte apparaît avec une « éthique de la reconnaissance » et une réflexion contemporaine sur la complexité d'un monde globalisé. Il convient pourtant de se situer dans cette éthique de la reconnaissance, laquelle n'est pas un « relativisme » – contrairement à la critique superficielle dont elle a pu être l'objet.[14] De même doit-on conti-

---

13. Souleymane Cissé, in « Yeelen », propos recueillis par Y. Stern, brochure du *Festival International de Films de Fribourg*, 1987-1988, pp. 37-38.

14. Même *a minima*, une conception “éthique” est ce qui permet de se

nuer de prendre en compte ces ressorts politiques sur lesquels le cinéaste s'est appuyé (à l'instar de ses collègues). La *question de la "culture"* est au cœur de cette dialectique et *Yeelen* rappelle très directement à quel point elle est importante pour Cissé. Cette question est en effet inséparable de sa réflexion sur le cinéma lui-même ou sur le rôle du cinéma en Afrique. Plus que pour tout autre cinéaste (africain), il convient de faire chez lui la distinction entre une "relation idéologique" à la culture – exposant au risque du relativisme – et une "relation métaphysique" à la culture – induisant un rapport non seulement à la croyance mais aussi à un imaginaire –, entre des contraintes culturelles qui sont déjà là et le sens attribué, chemin faisant, à cette "culture". Le cinéma, comme médium, s'est mis au service de cette recherche dont *Yeelen* serait, d'une certaine façon, le résultat. Mais une recherche qui n'est pas exempte de contradictions dès lors qu'elle voudrait se définir, à travers diverses autojustifications, par opposition à une anthropologie sociale et culturelle, alors qu'elle pourrait bien plutôt être placée, dans la concrétude d'une pratique cinématographique, sur un plan similaire.

Car ce n'est pas le moindre intérêt de *Yeelen* que d'être aussi un miroir des cultures maliennes, que de chercher à représenter ces cultures ignorées – l'Afrique dont, selon Daney, nous ne savons rien – et à prolonger, même en la contestant, une anthropologie africaniste française qui a fait que nous ne sommes pas si ignorants que cela de cette Afrique-là. Après Marcel Griaule, Germaine Dieterlen,

situer dans le cadre d'un "rapport d'altérité", quand les critiques de « l'éthique de la reconnaissance », au mieux, n'admettent que des "rapports de différences", au pire, posent que seule une « reconnaissance du Même » est possible.

Jean Rouch, Solange de Ganay, Youssouf Tata Cissé, Jean-Loup Amselle et d'autres, ces cultures font désormais partie d'un héritage symbolique partagé. Dans la conclusion de son *Essai sur la religion bambara*, Germaine Dieterlen écrivait que « du fait du machinisme et d'un inconscient désir de destruction de soi, les civilisations noires ne seront bientôt plus que l'ombre d'elles-mêmes et la précarité de leur matériel ne permettra jamais de les reconstituer dans leur complexité ni dans leur grandeur ».[15] L'anthropologue justifiait alors son entreprise par l'impérative nécessité de garder une trace d'un monde en train de se désagréger. La propre stratégie de Souleymane Cissé ne s'oppose qu'en apparence au constat pessimiste mais lucide du scientifique. *Yeelen* ne résulte pas d'une volonté (désespérée) de réhabilitation d'une grandeur passée ; c'est le récit d'une tragédie – et finalement d'une transmission possible. Une conscience de la *"catastrophe"* existe depuis les deux points de vue ; le cinéaste malien et l'anthropologue française pourraient même se retrouver dans une opposition à une certaine "mauvaise conscience postcoloniale" ayant conduit à une nouvelle ignorance de l'Afrique, d'une manière peut-être encore plus marquée qu'à l'époque de la critique de Daney. Une fois qu'il a pu se repérer dans la diversité des référents d'ordre "culturel", le spectateur peut comprendre que *Yeelen* est aussi – éminemment – un film politique. Mais cette dimension politique reste inséparable d'une réflexion sur la culture et l'histoire.

La différence avec l'anthropologie culturelle ne se jouerait pas même sur le *plan esthétique* si on se souvient ici que la

---

15. Germaine Dieterlen, *Essai sur la religion bambara*, Editions de l'Université de Bruxelles, 1988, p. 254.

perspective adoptée par Marcel Griaule dans ses entretiens avec Ogotemmêli était déjà celle d'un récit qui ne serait pas destiné aux seuls spécialistes et acquérait une valeur littéraire, au même titre que d'autres grands récits mythologiques et généalogiques à travers le monde.[16] La différence réside dans l'élaboration de ce qu'on a pu définir comme un "cinéma de la totalité" se réappropriant, d'une certaine façon, des symbolismes bambara et dogon et s'appuyant sur l'idée selon laquelle le cinéma n'est pas seulement affaire de représentation et de description de ces cultures maliennes – comme ce fut le cas dans un certain nombre de films documentaires et ethnographiques – mais de réappropriation et d'invention. Autrement dit, le cinéma n'est pas seulement là pour donner à voir des cultures ; il est nécessaire que les cultures infuses dans ce qu'est le cinéma pour qu'on puisse oublier la spécificité d'un ancrage culturel, pour qu'on puisse s'acheminer vers ce qui fait l'universalité de ces cultures, voire pour qu'on puisse se situer dans le cadre d'un rapport d'altérité au sens à la fois anthropologique et éthique du terme – un mouvement qui est largement partagé par les anthropologues et les cinéastes. Simplement, le cinéma de Souleymane Cissé vient rappeler la dimension de dispute et de polémique qui se rattache à l'"image" dans l'histoire du cinéma et des arts visuels du XXème siècle. Dans un monde où cette "image" a pris de plus en plus d'importance, *Yeelen* rejoue dans un contexte africain le passage d'une « civilisation de l'écrit » à une « civilisation de l'image » avec, enchâssée entre les deux, la prégnance forte d'une "culture de l'oralité" et toute la complexité politique et sociale d'une

16. Marcel Griaule (1948), *Dieu d'eau. Entretiens avec Ogotemmêli*, Paris, Fayard, 1966.

société malienne post-coloniale, post-indépendance, et post-tiers-mondiste.

L'objectif de ce livre n'est pas de proposer une analyse filmique de *Yeelen* : les outils analytiques existent déjà et les compétences pédagogiques sont bien rôdées.[17] Il s'agit plutôt d'aider à mieux appréhender et comprendre un film qui, plus que d'autres films, ouvre sur de nombreux niveaux de lecture et une grande diversité interprétative. *Yeelen* est également un film dont il faut d'abord faire l'expérience esthétique, d'une manière souvent très satisfaisante pour nos sens ; par ailleurs, comme on l'a déjà mentionné, l'objectif de Cissé est visiblement de constituer un "monde en soi". Aucune analyse et aucune explication didactique ne peuvent se substituer à cette expérience sensorielle ; d'autre part, ce nouvel univers filmique est aussi le lieu d'une *pensée personnelle à travers le cinéma*. C'est au dépliement de la pensée de Cissé qu'il convient de procéder, afin de retracer par l'écriture – le prolongement du travail herméneutique de décontextualisation / recontextualisation et de reconnaissance de l'altérité d'un cinéma africain – ce que le cinéaste a cherché à faire à travers l'image et le son.

---

17. Il convient d'éviter, toutefois, les analyses qui échouent à prendre en compte un film comme *Yeelen* dans sa "continuité temporelle" et comme "totalité narrative". Bien évidemment, le "chapitrage", élaboré par les éditeurs de DVD, ne saurait servir ni de grille de lecture, ni de structuration en rapport avec le film projeté sur un écran de cinéma, ni même de repères dans cette "continuité temporelle" expérimentée par le spectateur de cinéma ; la pratique du "chapitrage" est relative à des dimensions techniques du DVD – et à ses applications techno-commerciales.

La perspective adoptée impliquera de rappeler dans quel cadre discursif (idéologique, politique, culturel, etc.) se situe Souleymane Cissé. Ainsi, dans le prochain chapitre (*Des signes... aux images*), je décris le processus conduisant Cissé à passer des signes idéographiques bambaras à un rapport aux images et à élaborer une allégorie cinématographique. A travers le troisième chapitre (*Montage et symbolisation de l'espace*), j'approche le rapport au temps et la question du montage en reliant une forme de symbolisation de l'espace au thème allégorique du film. J'aborde ensuite, dans le quatrième chapitre (*Imaginaire d'un cinéma africain*), la dimension poïétique du rapport à l'imagination chez Cissé, laquelle ouvre sur un rapport à une psyché collective et une mythologie. Cela me conduit à aborder, dans un cinquième chapitre (*Conditions d'une pratique cinématographique*), la question des conditions de possibilités pour la production d'un film comme *Yeelen*, conditions englobant non seulement des aspects matériels, idéologiques, et politiques mais aussi un rapport à une esthétique liée à une éthique personnelle. Cette perspective est poursuivie dans un sixième chapitre (*Récits du pouvoir*) où il s'agit plus spécifiquement de considérer un rapport non seulement à la tradition et à la modernité mais aussi à une « postmodernité » en situant *Yeelen*, un peu contre l'opinion commune, au sein du développement d'un cinéma impur. Le septième chapitre (*La vérité faite violence*) se concentre sur la question de la violence qui est au cœur de la pensée de Souleymane Cissé. Finalement, je traite dans un huitième et dernier chapitre (*Signes de la nature*) de cet important rapport à la nature dont parle le cinéaste et tel qu'il apparaît de manière si prégnante dans *Yeelen*.

II - DES SIGNES... AUX IMAGES

On trouve, en ouverture de *Yeelen*, des cartons apportant des informations sur différents éléments de la culture et de la religion bambara, en particulier concernant le Pilon magique et de l'Aile du Kôrê. On y découvre également des signes d'écriture (des idéogrammes bambaras) d'apparence assez mystérieuse. En lisant ces cartons d'introduction et ces idéogrammes, et en suivant ensuite le passage de ces signes d'écriture (le texte des cartons et les idéogrammes bambaras) à des signes iconiques (les images du film) ou au symbolisme propre à certaines cultures africaines, la relation que Cissé cherche à établir entre cinéma et culture le confronte au problème de la représentation cinématographique d'une globalité culturelle et sociale. Ce "cinéma de la totalité" se met tout d'abord en place à travers l'articulation entre le texte, l'image, et la question de l'oralité. Mais il s'agit assez rapidement de considérer aussi ce qu'on pourrait appeler une *allégorie cinématographique*, en ce sens que les textes et les images demeurent dans un rapport d'extériorité les uns par rapport aux autres tout en étant interdépendants, ce qui contribue pour beaucoup à la complexité sémiotique et esthétique du film.

Le texte, l'image, et la question de l'oralité

Depuis *Finyé*, des idéogrammes bambaras apparaissent au commencement de tous les films de Cissé. Dans *Yeelen*, ces signes peuvent rester mystérieux mais leur traduction, dans les sous-titres, révèle l'existence d'un texte correspondant au programme narratif du film ; cependant, on ne s'aperçoit de cela que progressivement. Il s'agit d'un texte à la fois allégorique et didactique, puisque le cinéaste donne, par ce biais, des informations complètes sur une société d'initiation bambara (la société du Komo) qui anticipe sur le récit filmique. Ce genre d'informations pourraient rendre difficile l'entrée dans le film ; face aux idéogrammes bambaras, il s'agirait d'accepter (ou non) de demeurer en position d'attente, pour prétendre, ensuite, à une compréhension qui déborderait de l'information donnée et de ce didactisme. Un *avant-goût formel et sémantique* du film à venir nous est octroyé de cette façon : une signification se trouve, ainsi, à la fois imposée et proposée, le caractère arbitraire du symbolisme n'ayant d'égal que son mystère sémantique pour le spectateur occidental, africain, voire malien.

A travers le caractère énigmatique de ces signes, Cissé suggèrerait aussi qu'un film africain est né et évolue dans un contexte idéologico-culturel différent des autres cinémas du monde. Une forme de clôture devrait être rappelée à l'ouverture du film ; une clôture qui serait relative à la culture, et une ouverture qui serait propre au du film lui-même, pour un cinéaste qui se présentait à l'époque de *Finyé* comme étant « à la recherche d'une culture qui ressemble à mon peuple, à mon pays le Mali ».[1] Concernant plus directement les idéogrammes bambaras, Cissé précisait :

> — Il s'agit d'une écriture ancienne avec laquelle les chefs religieux communiquaient entre eux, une écriture et une culture quasi oubliées. Or si nous voulons vraiment retrouver notre personnalité et cesser d'être aliénés par des valeurs importées, qui profitent seulement à une minorité, il est temps de réfléchir à cet aspect du problème.
>
> — *Ces idéogrammes se poursuivent dans le film par une série de signes qui révèlent l'existence d'un héritage à recueillir. Un héritage qui se transmet des grands-pères aux petits-fils en sautant la génération des pères, celle de la colonisation, qui semble être mise entre parenthèses ?*
>
> — L'histoire de mon pays, comme celle de ses valeurs, existe bel et bien. La colonisation n'a été qu'un accident de parcours. Même si je la prends en compte, je ne considère pas qu'elle ait été fondamentale dans l'émergence de certaines valeurs. Fait historique, elle appartient au passé… Le vrai problème c'est cette culture que l'on néglige. Faute de revenir sur nos propres valeurs nous resterons aliénés par celles des autres.[2]

Dans cette perspective, l'usage des idéogrammes bambaras revêt une signification métaphorique : transférer les signes d'une culture oubliée vers une culture en train de se faire. Il a ensuite une fonction rhétorique : familiariser le regard du spectateur avec certains signes culturels particulièrement prégnants. Dans les deux cas, ce rapport à l'écriture se joue d'abord dans une *perspective idéologique*. Il est d'ailleurs assez éloigné de l'usage qu'en faisaient ces chefs religieux dont parle Cissé. La littérature ethnographique est de peu de secours pour reconstituer la

1. Souleymane Cissé, in « Bourrasques au Mali », propos recueillis par C. Ruelle, *Magazine Littéraire*, mai 1983, p. 44.
2. Souleymane Cissé, *idem*.

fonction et le sens d'une idéographie qui renvoie à un passé où la religion bambara avait une existence plus concrète ; Germaine Dieterlen définissant par ailleurs ces signes bambaras comme « une sorte d'écriture »[3] et non comme un système linguistique ou sémiotique autonome.

A côté de la réappropriation d'un symbolisme bambara, on sait que Cissé a aussi développé une pratique du portrait pour des séquences à l'intérieur ou en conclusion de *Baara*, *Finyé*, et *Waati*. Cet art du portrait était à la fois indépendant d'une diégèse et inséparable du sens global du film concerné.[4] Le portrait en mouvement d'un personnage, de profil ou de face, avec parfois un éclairage rasant mettant en relief les traits du visage, pouvait être considéré comme un tout cohérent à l'intérieur de la totalité du film. *Yeelen* fait un usage plus subtil de ce dispositif. Comme le remarque Antoine de Baecque, « il suffit à Cissé de montrer un fragment d'objet (un fétiche par exemple), d'être (un visage) ou de nature (un buisson, une étendue d'eau) pour donner une image d'un ensemble cohérent. »[5] Ce "cinéma de la totalité" à l'échelle de quelques plans ou de quelques séquences est illustré de manière remarquable par la traversée du village de forgerons par Soma et le Pilon magique : Cissé ouvre et termine cette partie sur l'image de la forge, de l'eau frémissante au métal en fusion.[6] Quand les images d'ouverture et de conclusion de

---

3. Germaine Dieterlen, *Essai sur la religion bambara,* Editions Université de Bruxelles, 1988, p. 20.
4. La diégèse étant définit comme « l'histoire prise dans la dynamique de la lecture du récit », in J. Aumont, A. Bergala, M. Marie, et M. Vernet, *Esthétique du film*, Paris, Nathan, 1994, p. 81.
5. Antoine de Baecque, « Cela s'appelle l'aurore », *Cahiers du cinéma,* no. 402, décembre 1987, p. 25.
6. Ces micro-récits devant, par ailleurs, être distingués de l'oxymore,

Finyé sont quasi identiques, dans *Yeelen*, la fin du film ouvre sur un monde neuf. Un élément se trouve être malgré tout répété : le sacrifice d'un coq par Soma dans les premières séquences du film et la reprise de son cri dans la séquence finale. Mais au lieu d'évoquer, comme dans *Finyé*, l'idée d'une globalité culturelle fermée sur elle-même, la fin de *Yeelen* suggère la *possibilité d'une ouverture du récit filmique*, d'un lien vers un niveau extra-diégétique.

Par ailleurs, le film de Cissé nous confronte à un "rapport à la langue", ou plus exactement à l'*oralité* attachée à cette langue, comme l'élément culturel le plus susceptible d'influencer le dispositif cinématographique dans un contexte africain. Partant de cette hypothèse, la référence de Souleymane Cissé à une idéographie bambara pourrait être reconsidérée. On dirait alors que ces signes n'engagent pas seulement des personnes sachant lire ces idéogrammes mais aussi celles qui ne sont pas informées de leurs significations ; le caractère mystérieux de ces signes ferait écho à une indétermination géographique et temporelle ; et cette énigme serait ensuite résolue par la traduction. Mais cela peut-il être aussi simple ? Il convient de rappeler ici que les systèmes idéographiques africains en général constituent une réponse de la raison graphique à une spécificité de la majorité des langues africaines. Pour ces langues, ce qui distingue les mots d'un point de vue sémantique, c'est le ton qui leur est donné oralement : ce sont des « langues à ton sémantique ». Le problème de

---

comme ils sont pensés par Cissé contre un "cinéma ethnographique", lequel procède généralement de cette séparation d'un objet du contexte qui lui donne son sens. Voir Dudley Andrew, « L'Afrique vue par le cinéma français pendant l'époque coloniale », in *L'Autre et le Sacré*, C. W. Thompson (dir.), Paris, L'harmattan, 1995, pp. 283-305.

la transcription de ces langues à ton se pose aujourd'hui à travers celui de la traduction d'une littérature africaine orale afin de la recueillir, de la préserver, et de la diffuser.[7] Dans la mesure où ces systèmes alphabétiques ne donnent, respectivement, aucune idée ou qu'une faible idée d'une signification véhiculée par le ton, l'idéogramme est le système le plus approprié pour traduire graphiquement une langue fortement tonale.

La linguistique traditionnelle était relativement impuissante face à un système d'écriture qui essayait, à sa manière, de transcrire l'oralité de ces langues. C'est la distinction entre « signifiant » et « signifié » qui devenait inopérante, en tout cas tant que le « signifiant » n'était pas identifié comme signe arbitraire. On ne peut considérer un signe linguistique bambara indépendamment de son sens socioculturel en cherchant à le limiter au cadre d'un « objectivisme abstrait », ainsi dénommé par Bakhtine pour contester la dichotomie saussurienne entre « langue » et « parole ».[8] L'importance qui est accordé au ton augmente la dépendance de ce type de langue à l'égard de ses locuteurs. Prenant acte de ce rapport à l'oralité, il convient d'en rappeler les *enjeux sociaux et idéologiques*. Diverses théories se sont en effet développées au sujet de ces cul-

---

7. La transcription de cette littérature dans les alphabets arabe et latin n'est pas toujours satisfaisante dans la mesure où la graphie alphabétique intègre difficilement la notation du paramètre de la hauteur, laquelle n'a qu'une importance marginale dans les langues qui ont les premières utilisées l'alphabet.
8. Mikhail Bakhtine (1929), *Le marxisme et la philosophie du langage*, Paris, Editions de Minuit, 1977, p. 74. Bakhtine utilise l'expression d'« objectivisme abstrait » pour désigner toutes les conceptions qui déterminent les « actes de paroles » par rapport à des cadres normatifs (de compréhension), et non pas dans le cadre d'un contexte socioculturel.

tures orales africaines. Côté “occidental”, cela a pu déboucher sur une sorte de “racisme scientifique”, tel que représenté par un Karl Meinhof ; côté “africain”, on a pu assister à un phénomène de surcompensation conduisant à une forme d'“essentialisme culturel”, notamment chez Cheikh Anta Diop.[9] Meinhof se servait de la distinction entre « langues à genre » et « langues à classe » pour opposer des langues hamites aux langues bantoues. Dans le contexte de la colonisation, il s'agissait d'opposer des langues traduisibles donc “civilisées”, à des langues moins directement traduisibles donc “sous-développées” ou “barbares”. Cette hypothèse va s'effondrer avec la découverte d'un groupe de langues guinéennes analogues au Peul – langue à genre et à classe – mais dont les locuteurs sont différents physiquement des Hamites. La deuxième attitude théorique, essentiellement représentée par Cheikh Anta Diop, a voulu contrer ce racisme envers des cultures autochtones africaines à travers une affirmation d'une “identité” et d'une “unité culturelle africaine”. Voulant saper les thèses racistes sur la dualité hamito-bantoue, Cheikh Anta Diop avait parié sur l'idée d'une origine unique pour toutes les langues africaines, et plus généralement pour toutes les cultures africaines : l'Egypte. Il convient cependant de rappeler avec Alain Ricard que « les textes égyptiens ne sont pas présents dans la mémoire des peuples de l'Afrique noire (...). C'est réécrire l'histoire à partir de la mythologie. »[10] Dans la mesure où elles

9. Les cinéastes africains de la génération de Cissé ont été exposés aux controverses issues de certains héritages scientifiques du XIXème siècle. C'était avant que des sciences humaines et sociales contemporaines, en particulier dans le champ des études sur les langues et littératures africaines, ne viennent ranger définitivement ces préjugés et essentialismes dans un cabinet des curiosités.

10. Alain Ricard, *Littératures d'Afrique noire. Des langues aux livres*,

s'appuient sur des questions très sensibles sur les plans politique et culturel, ces thèses de Cheikh Anta Diop ne seront pas discutées ici ; il convient simplement de savoir qu'elles existent, et qu'en raison de leurs implications idéologiques, elles ont rarement été remises en question par les intellectuels africains de la génération de Souleymane Cissé.

Pour s'opposer à ces deux impasses, on pourrait, comme le propose Ricard à la suite d'Ali Mazrui, définir l'histoire et les cultures africaines non plus seulement à travers à une discussion sur ses seuls enjeux symboliques mais en termes de « foire aux cultures ».[11] Il s'agit alors de considérer le continent africain à la lumière d'un « triple héritage » : l'« héritage autochtone » avec sa littérature orale, l'« héritage sémitique » avec sa culture du manuscrit, et l'« héritage gréco-latin » avec une civilisation occidentale qui a à la fois répandu les grandes langues européennes et développé les nouvelles langues africaines. Dans le cadre de cette « foire aux cultures », il faut aussi tenir compte de cette oralité qui a mené à l'usage des idéogrammes. Un spécialiste des hiéroglyphes égyptiens appelle ainsi à la fin des préjugés prônant une supériorité du système alphabétique, et qui négligeaient ainsi « l'utilisation de cette graphie pour ses qualités picturales et pour sa capacité à produire une information non linguistique. »[12] Pour aller plus loin dans le sens d'une théorie du "métissage" et des échanges interculturels, on pourrait emprunter à Jean-Loup Amselle la notion de « branchement » ou

---

Paris, Karthala / CNRS, 1995, p. 25.

11. Ali Mazrui, *The Africans, a triple heritage*, Boston, Little, Brown and Company, 1986.

12. William Vivian Davies, *Reading the Past*, London, British Museum Pub., 1987, p. 35. Cité in Alain Ricard, *op. cit.*, p. 15.

d'interconnexion des cultures.[13] Il n'y pas d'essence de la culture ; en Afrique comme ailleurs, les cultures se construisent à travers des échanges, et elles sont sans cesse en évolution. Les cinémas africains sont un lieu privilégié pour observer ces phénomènes de "métissage", d'hybridation ou de branchements.

Une allégorie cinématographique

Dans un tel contexte, l'*allégorie*, déjà mentionnée à propos des cartons qui ouvrent *Yeelen*, revêt une grande importance. Le cinéma n'est pas soumis aux mêmes contraintes que d'autres artefacts et l'importance de l'allégorie s'impose à mesure que les tentatives de rapprochement entre une "spécificité culturelle" et une "spécificité esthétique" se révèlent infructueuses, un rapprochement qui peut correspondre au travail de l'ethnologie de l'art ou, plus généralement, à la recherche dans la littérature ethnographique d'une signification qui serait à l'œuvre dans un cinéma africain. Il convient de rappeler ici que, par définition, ce cinéma est le résultat d'un processus d'hybridation ou de branchement qui s'accorde mal de la distanciation requise par l'ethnologie de l'art : appliquer à un masque dogon et à *Yeelen* la même approche n'est pas seulement illusoire mais surtout inadéquat. Néanmoins, la tentation pourrait exister de rechercher des significations culturelles qui seraient directement en phase avec les "cultures traditionnelles africaines" et, ce faisant,

---

13. Jean-Loup Amselle, *Branchements. Anthropologie de l'universalité des cultures*, Paris, Flammarion, 2001. La notion de « branchement » a été développée par cet auteur afin de sortir de l'usage abusif qui pu être fait de celle de « métissage » depuis environ deux décennies.

de se mettre en quête d'une "spécificité esthétique" qui serait liée aux significations culturelles qui auraient ainsi pu être identifiées : en effet, Cissé a parfois entretenu le mythe sur le destin qu'aurait un cinéma africain à prendre le relais des traditions. Quand il décrit, par exemple, le processus de création comme un travail afin de réduire le plus possible les « distorsions entre la pensée et l'écrit »,[14] son usage du terme de « distorsion » semblerait trahir certaines exigences bambaras à « synchroniser les mouvements du visible et de l'invisible ».[15] Le cinéma de Cissé consisterait alors en une sorte de mariage entre, d'un côté, un art qui, selon André Bazin, s'est attaché plus que tout autre à constituer une "présence / absence" de ce qui est représenté[16] et, d'un autre côté, la culture bambara ; Cissé s'approprierait le cinéma et le cinéma prendrait possession de la culture bambara en raison d'une communauté d'intérêt des deux bords. Bien que cette hypothèse soit tentante, il est difficile de la valider : du point de vue des études cinématographiques, ce serait utiliser la définition bazinienne de l'écran dans un contexte qui lui échappe ; du point de vue de l'anthropologie, cela reviendrait à « parler comme les philosophes occidentaux lorsqu'ils

---

14. Rithy Panh, *Souleymane Cissé*, documentaire, 52 minutes, Cambodge / France, 1991.

15. Solange de Ganay, « Notes sur la théodicée bambara », *Revue de l'Histoire des Religions*, avril-juin 1949, p. 203.

16. André Bazin (1958), *Qu'est-ce que le cinéma ?*, Paris, Editions du Cerf, 1994. Tout en tenant compte des problèmes éditoriaux et, conséquemment, scientifiques liés à la parution de *Qu'est-ce que le cinéma ?* après la mort de Bazin (voir Dudley Andrew, avec Hervé Joubert-Laurencin, « A Binocular Preface », *Opening Bazin*, New York, Oxford University Press, 2011, pp. ix-xvi), je cite la version éditée en 1994 pour des raisons de commodités mais mentionnerai, par la suite, la date de publication originale de l'article concerné.

s'intéressent aux idéologies primitives. »[17] Pour sortir de cette double aporie, il convient de situer le lien entre "cinéma" et "culture" dans *Yeelen* sur un plan allégorique – englobant ici les plans référentiel et narratologique.

L'allégorie a mauvaise réputation auprès des commentateurs : elle tend à être assimilée à une transposition naïve de la pensée dans le monde des images, une esthétique mal maîtrisée, voire une manière d'ornement. Or, le didactisme de l'allégorie pourrait plus simplement être relié au fonctionnement d'un dispositif cinématographique. D'autre part, l'étymologie du terme d'allégorie – du grec *allos* (autre) et *gorei* (parler) – rappelle ce qui est en jeu. Il s'agit ainsi d'analyser les relations d'un texte avec un autre texte qui le double. Ce sens allégorique est ce qui nous autorise à considérer *Yeelen* à la fois d'un point de vue culturel et d'un point de vue esthétique, même si une telle simultanéité rend l'analyse plus complexe. D'un point de vue culturel, on peut convenir du fait que Cissé considère un rapport d'altérité entre l'homme et le cosmos. D'un point de vue esthétique, l'*image allégorique est le signe de cette altérité* ; elle est ce qui pousse Cissé à dépasser le programme de son scénario au profit d'autres significations. L'analyse simultanée des relations entre "culture" et "esthétique" n'est pourtant pas suffisante ; il conviendrait aussi se situer dans le cadre d'un mouvement dynamique. On pourrait, en fait, considérer une sorte de balancement dans le travail de Cissé : parfois, c'est le point de vue culturel qui semble mis en avant et il s'agirait alors de prendre en compte un symbolisme bambara ; d'autre fois, c'est le travail de l'esthétique qui domine. Cissé se servirait du cinéma comme d'un moyen pour rendre plus

17. Marc Augé, *Génie du paganisme*, Paris, Gallimard, 1982, p. 53.

intense le rapport au monde propre à la culture bambara ; il ferait du décalage entre "objectivation" et "subjectivation" une caractéristique stylistique de ses films. Ainsi, *Yeelen* peut être compris à la fois comme un phénomène physique concret – représenté tout au long du film mais se rapportant aussi au cinéma lui-même : la lumière – et un thème métaphorique abstrait engageant directement les personnages du film – allant des diverses puissances de la nature, souvent liées au symbolisme du feu, à la "vérité aveuglante" qui clôt le récit filmique.

Quand on regarde l'évolution de ses relations avec les critiques, il semble que Cissé ait pris conscience des limites d'une conception allégorique qui ne prendrait en compte que l'aspect culturel de son cinéma. De manière générale, on remarque une certaine défiance du cinéaste malien envers des interlocuteurs (occidentaux) faisant montre d'une trop grande volonté de maîtrise des thèmes africains. Avec sa référence au principe bambara du *damu*, le cinéaste voudrait renvoyer dos-à-dos toutes ces interprétations sur l'aspect culturel de son cinéma. Il essaye ainsi de recentrer son discours sur sa propre pratique et de concilier un rapport à la culture avec un rapport à l'universalité. C'est dans le film que lui consacre le réalisateur cambodgien Rithy Panh qu'il donne une définition de ce « damu » :

> Dans la vie, les Bambaras appellent damu l'impression positive que l'on retire de la vue d'un être ou d'une chose et qui demeure longtemps dans le cœur et dans l'esprit. Damu : c'est peut-être ça la grâce. Il y a un damu de l'âme, un damu des choses, un damu de l'Homme. Le damu de l'Homme, c'est quoi ? Quand tu vois l'être humain vivre, tu observes tout ce qu'il est, et tout ce qui l'entoure. Pour exprimer tout cela, tu peux faire découvrir les aspects inattendus et l'étonner lui-même. Quand tu regardes l'être humain, quand tu sais le comprendre, tu dois le montrer avec damu. Il y a des êtres mauvais malgré tout ; il ne

> faut pas les rejeter mais chercher à les comprendre, leur apporter ce qui est possible, pour essayer de montrer leur damu. Quand tu dois faire un film, la difficulté c'est qu'il doit commencer et finir. Comme l'histoire d'un être humain qui a passé par différentes étapes, son enfance, son adolescence, sa vieillesse et sa mort. Quand tu imagines des personnages, que tu les fais naître à l'image, tu souhaites qu'ils continuent à vivre dans la mémoire des spectateurs. Est-ce la fin de leur histoire ? Pour les Bambaras, il n'y a pas de séparation réelle entre la vie et la mort qui s'imbriquent comme des écailles. On en soulève une et les autres suivent. Les choses sont ainsi et le demeureront. Un film doit être accessible à la compréhension de ceux qui le verront. Il faut faire des images qui existent longtemps dans la mémoire et revivent dans les yeux, dans le cœur et dans l'esprit. Telle doit être l'image.[18]

Ces précisions n'expliquent pas la manière de recueillir cette « impression positive ». Cissé va jusqu'à utiliser le terme très connoté de « grâce » ; il est impossible de savoir si cette référence au « damu » est le résultat de l'influence d'un certain cinéma occidental ou si elle est la preuve d'une universalité de ses “valeurs d'amour” à travers le cinéma. C'est que le « damu » est un principe non pas technique mais idéologique, en constituant une autre façon d'articuler l'image – ou le regard du cinéaste – et le texte – le récit filmique avec tous ses éléments sémiotiques, dont les idéogrammes bambaras –, tout en privilégiant l'image, si on se réfère à la conclusion de Cissé (« Telle doit être l'image »).

---

18. Rithy Panh, *idem*. D'une manière générale, il apparaît que, dans ce documentaire, Souleymane Cissé a davantage mis en avant un positionnement idéologique qui, historiquement, s'est défini *par opposition* aux pratiques cinématographiques occidentales en terres africaines. Le fait d'être interviewé par un Malien vivant aux USA (Manthia Diawara) dans un film réalisé par Franco-Cambodgien (Rithy Panh) pourrait avoir aidé à une “libération de la parole”.

Peut-on éviter de relier cette question du « damu » à celle de l'« aura » héritée de Walter Benjamin ? Un tel rapprochement ne passerait pas par une même vision de ce qu'est le cinéma dans le développement historique des arts, dans une compréhension de la société industrielle, et, finalement, dans une dimension critique non seulement à l'égard de cette société mais aussi à l'égard d'une tradition esthétique qui n'avait pas vraiment su comprendre ce nouveau médium. Les notions de « damu » et d'« aura » sembleraient d'abord se rejoindre dans la promotion d'une notion d'"authenticité" : celle-ci nous ramènerait, dans une partie du discours de Benjamin, à l'idée kantienne d'un « beau naturel » par opposition au « beau artistique » impliquant le déploiement d'une technique[19] et, dans la citation de Cissé, à un regard indépendant de toute médiatisation cinématographique. Ce serait, ensuite, plus directement au niveau d'une *critique des usages sociaux du cinéma* qu'un sol commun se dessinerait. Chez Benjamin, la déchéance de l'« aura » comme conséquence de la reproduction mécanisée, dont le « cinéma » est une des expressions, est aussi le lieu d'une « aliénation de l'homme par lui-même » et d'une « stimulation illusoire des masses ».[20] De son

19. Walter Benjamin (1936), « L'œuvre d'art à l'époque de sa reproduction mécanisée », in *Ecrits français*, Paris, Gallimard, 1991, pp. 140-171. Benjamin l'exprime de cette façon dans son célèbre article : « Qu'est-ce en somme que l'aura ? Une singulière trame de temps et d'espace : apparition unique, d'un lointain, si proche soit-il. L'homme qui, un après-midi d'été, s'abandonne à suivre du regard le profil d'un horizon de montagnes ou la ligne d'une branche qui jette sur lui son ombre – cet homme respire l'aura de ces montagnes, de cette branche. Cette expérience nous permettra de comprendre la détermination sociale de l'actuelle déchéance de l'aura. » in *op. cit.*, p. 144.

20. Walter Benjamin, in *op. cit.*, pp. 157-159. Certains propos de Walter Benjamin et de Souleymane Cissé sembleraient même se "recouper" assez directement. Ainsi, quand Benjamin écrit : « sa [le

côté, Cissé a pu être exposé à cette dimension critique lors de sa formation et, surtout, à travers son engagement, avec d'autres cinéastes, en faveur d'un réalisme social africain.

Le dernier argument du cinéaste malien, cependant, reste dans le cadre de la défense d'une culture africaine. Benjamin avait fondé une "théorie du cinéma" en mettant en évidence le *sens politique du médium cinématographique* et en anticipant un possible usage non-standardisé de celui-ci ; il avait aussi éclairé d'un jour nouveau notre modernité, notamment en reconcevant la notion de « divertissement » et en redonnant une nouvelle légitimité aux cultures populaires. Quand la notion d'« aura » est une notion complexe (et contestée[21]), elle servait malgré tout à introduire une reformulation de l'esthétique à une époque où de nouvelles pratiques artistiques se mettent en place en relation avec une évolution sociale et technique, la notion de « damu » pourrait être utilisée pour maintenir un lien avec « le domaine de la tradition ». Cela participe, bien évidement, de la reconquête d'un regard interne à l'Afrique et aux cinémas africains.[22] Le « damu » pourrait

film] signification sociale, même considérée dans sa fonction la plus positive, ne se conçoit pas sans cette fonction destructive, cathartique : la liquidation de la valeur traditionnelle de l'héritage culturel » (in *op. cit.*, p. 143), Cissé déclare : « Nous pensons que notre culture est partie prenante de la culture de l'humanité. Cette culture, les pays qui ont colonisé nos terres ne la connaissent pas et il nous faut d'abord informer de son existence. Le cinéma est le plus extraordinaire des moyens pour accomplir cette tâche, comme il constitue une arme essentielle de combat contre la nature de nos pays. » Souleymane Cissé, in « Le Vent cette ouverture sur le monde », propos recueillis par M. Mimoun et al., *Les deux écrans*, juillet 1982, p. 22.

21. Notamment, à la suite de Nelson Goodman, par une partie de la philosophie analytique de l'art.

22. Il s'agit même là d'un devoir du cinéaste africain selon Cissé :

être assimilé à ce regard résultant d'un principe d'harmonie entre l'objectivité de la caméra et la subjectivité de l'opérateur, l'orientation subjective de l'objectif cinématographique permettant d'englober le "rapport sujet / objet", c'est-à-dire de remplir les conditions pour l'établissement d'un "sujet africain autonome" à travers le cinéma. Mais cela pourrait aussi servir à rétablir, d'une certaine façon, un lien avec le « rituel » dans lequel, écrivait Benjamin, s'enracine « l'œuvre d'art "authentique" » ; ou, plus précisément, le « damu » pourrait être rapporté à l'influence et à l'importance que les rituels continuent d'avoir dans la pratique cinématographique de Souleymane Cissé.[23] *Yeelen*, on a commencé de le voir, veut s'opposer à une gestion occidentale des signes et des images de l'Afrique. Cette "relation intériorisée" aux cultures révèle ainsi ses implications idéologiques. Il s'agirait même d'une sorte d'« inconscient politique » qui déterminera, on le verra, la relation du cinéma de Cissé, ainsi qu'une large partie de la production cinématographique africaine, avec le "cinéma ethnographique".

« Quel est le devoir des cinéastes africains ? Ceux qui sont venus n'ont jamais montré les gens d'ici comme des êtres humains, aucuns ! Ils sont venus pour nous montrer comme des animaux à leur public. Ils nous ont vus avec leurs yeux. Ils nous ont filmés n'importe comment. On sait que la caméra peut filmer une image valorisante de l'homme. La caméra ne choisit pas, c'est une question d'éclairage, une question de regard. » in Rithy Panh, *idem*. Voir également Olivier Barlet, *Les cinémas d'Afrique noire. Le regard en question*, Paris, L'harmattan, 1996.

23. Walter Benjamin, in *op. cit.*, pp. 145-146.

III - MONTAGE ET SYMBOLISATION DE L'ESPACE

L'évolution du cinéma de Cissé concernant la question du montage et de la temporalité propre d'un film peut en partie être comparée à celle du cinéma soviétique et post-soviétique. Dans le cinéma soviétique, comme dans celui de Cissé avant *Yeelen*, le montage impliquait surtout ce qu'on pourrait appeler un "usage rhétorique" du temps filmique – travail sur l'agencement des plans entre eux plutôt que sur la durée interne aux plans eux-mêmes. Cissé a notamment pu faire référence à *Octobre* de Sergueï Eisenstein, parmi les films l'ayant fortement marqué.[1] A l'occasion de *Yeelen*, cependant, le cinéaste semble cette fois suivre le cheminement qui avait conduit Andreï Tarkovski à s'éloigner des conceptions eisensteiniennes, au

1. Et à côté de films comme *Les Statues meurent aussi* de Chris Marker et Alain Resnais (1953) ; voir notamment *Souleymane Cissé*, un documentaire réalisé par Philippe Fréling en 2000.

profit d'une mise en avant de la durée interne au plan[2] – indépendamment de la question de savoir si le Russe substituerait à une "idéologie du montage" celle du "plan-séquence", mais en tenant compte du fait que la pratique du Malien reste dépendante d'une maîtrise de l'ensemble des techniques cinématographiques, induisant des rapports privilégiés avec ses chefs-opérateurs et sa chef-monteuse.[3] En ce sens, je ne me situerais pas ici dans le cadre de cette « noologie » que Gilles Deleuze oppose à l'« idéologie », et dont l'« image-temps » serait l'expression la plus achevée.[4] Quand on examine la question du montage et du temps dans *Yeelen*, on se rend compte que l'*image*, dans son rapport au réel, et le *discours*, que le cinéaste cherche à élaborer, *restent indissociables*. Ainsi, il s'agit de consi-

---

2. Formé au VGIK, Souleymane Cissé connaît le cinéma de Tarkovski et cite notamment le cinéaste dans le film que lui consacre Rithy Panh en 1991. (Daney faisait référence également au cinéaste russe au moment de sa critique de *Yeelen*.)

3. Jean-Noël Ferragut a été engagé sur le film après que le travail d'un premier chef-opérateur n'ait pas été jugé comme étant en phase avec le projet de Cissé – un changement qui était d'abord lié aux conditions de réalisation du film, le cinéaste n'ayant pu visionner les rushes de son film qu'à Paris et avec un temps de retard. De son côté, la chef-monteuse Andrée Davanture travaille avec Cissé depuis ses débuts et le conseille. Voir aussi *A be munumunu*, un documentaire réalisé par Etienne Carton de Grammont (le chef-opérateur de *Finyé*) pendant une partie du tournage de *Yeelen*.

4. « La noologie, qui ne se confond pas avec l'idéologie, est précisément l'étude des images de la pensée, et de leur historicité », précise Gilles Deleuze (avec Félix Guattari) dans *Mille plateaux*, Paris, Editions de Minuit, 1980, p. 466. Il convient, avec Dudley Andrew, de faire des deux volumes de Deleuze sur le cinéma, l'application de cette conception d'une « noologie » Voir Dudley Andrew, « The Roots of the Nomadic : Gilles Deleuze and the Cinema of West Africa », in *The Brain is the Screen. Gilles Deleuze and the Philosophy of Cinema*, G. Flaxman (dir.), Minneapolis, University of Minnesota Press, 2000, pp. 215-249.

dérer, tout d'abord, un rapport au temps et à un territoire, puis, à ce que j'appellerai la symbolisation d'un espace reprenant, sur toute la durée du film, le thème allégorique annoncé en ouverture (« la réunion du ciel et de la terre ») – un espace correspondant en fait à celui du Mali.

Le temps et le territoire

L'*ellipse* est le premier mode de traitement du temps dans *Yeelen*. Au cinéma, elle n'a généralement qu'une fonction narrative : supprimer du récit des éléments jugés inessentiels à sa compréhension. Chez Cissé, elle conserve ce rôle. Pourtant, là encore, elle doit être rapportée à un contexte socioculturel. Ce n'est probablement pas un hasard si *Cinq jours d'une vie*, le premier film personnel de Cissé, a été conçu comme une ellipse se jouant sur toute la durée du film, et qui résumerait la vie d'un jeune Malien au début des années soixante-dix ; ce genre d'ellipse est ce qui permettait d'articuler un "rapport à globalité culturelle" et un "rapport poétique au récit". Il restait toutefois difficile de maintenir cette double relation du début à la fin du film, c'est-à-dire de décrire, grâce à la seule force conceptuelle de l'ellipse, l'ensemble d'un contexte social et le parcours individuel de N'tji.

Après cette première expérience, Cissé va d'abord limiter l'usage de l'ellipse à la *répétition* d'une même image au début et à la fin du film : c'est ce qu'on retrouvera dans *Yeelen* avec l'image d'un enfant attachant une chèvre à la statue du Komo ou, au niveau de la bande sonore, à travers le sacrifice du coq. Mais la répétition est également ce qui permet de rapprocher des plans que tout sépare ; on ne peut alors retrouver un lien qu'à travers l'identification et, éventuellement, la maîtrise d'un code narratif qui nous est proposé dès l'ouverture du film : « l'échauffement donne le feu et les deux mondes existent par la lumière » (Goniya tâ dyè fla). Ceci peut rendre le travail d'interprétation complexe : en effet, on pourrait se perdre parfois dans de vaines spéculations, en se demandant, par exemple, qui est cet oncle poursuivant Nianankoro ? Mais on peut aussi repérer, notamment à travers la répétition de certains signes, des éléments qui permettront une compréhension du récit filmique.

Différentes formes de répétition seront, par ailleurs, traitées dans la *durée*. Un tel traitement dépendait de l'acquisition d'une certaine maîtrise technique – qu'on peut grosso modo faire remonter à *Finyé* et qui aboutira aux plans-séquences de *Yeelen*. De *Cinq jours d'une vie* à *Yeelen,* ce rapport à la durée connaît pourtant une évolution idéologique particulière ; Manthia Diawara l'a dénommé « retour aux sources » et considérait que ce nouveau style cinématographique résulte d'au moins trois raisons stratégiques[5] : il s'agirait d'un moyen « pour contourner la censure », puis pour « retrouver des traditions précoloniales » qui pourraient contribuer à résoudre des problèmes contemporains, enfin pour « chercher un autre langage cinématographique ». Selon Diawara, la référence de Cissé à la conception du temps chez les Bambaras appartiendrait en même temps à ces trois stratégies. Il décrit ce rapport au temps en ces termes :

> Tous les films de Cissé se terminent comme ils ont commencé, mais dans *Yeelen* on nous fournit une description détaillée de la conception du temps dans les sociétés mandingues. Le rituel du *Komo*, par exemple, est filmé du début à la fin à travers de

5. Manthia Diawara, *African Cinema. Politics and Culture*, Bloomington, Indiana University Press, 1992, p. 160.

> longs plans-séquences et le minimum de montage. Les plans ininterrompus rappellent le filmage de Sembène dans la cour du roi de *Ceddo*. La caméra de Cissé, utilisée plus pour tenter de décrire la “bonne image” plutôt que de révéler un point de vue psychologique, reformule les questions narratives fondamentales du montrer et du dire.[6]

Le cinéma de Cissé, à l'instar de la plupart des cinémas éloignés du “modèle hollywoodien”, peut être apprécié ou rejeté pour cette *qualité d'attente et pour sa lenteur*. Mais cette maîtrise du déroulement temporel d'un film est un acquis récent des cinémas africains et résulte d'une élaboration parfois complexe et non d'une pratique spontanée de la mise en scène. Un autre rapport à la lenteur était perceptible dans les précédents films de Cissé : la plupart des séquences étaient très peu montées et semblaient reproduire le déroulement temporel du filmage. Contrairement aux films du « retour aux sources », cette lenteur ne préservait pas d'une certaine longueur dans la continuité du récit : il s'agit là d'une critique qui a souvent été formulée par des critiques habitués aux cinémas occidentaux. Dès lors, il convient aussi d'interpréter l'élaboration des plan-séquences dans *Yeelen* comme un moyen de mettre en œuvre un autre rapport au temps et à une forme de lenteur tout en évitant de se voir reprocher d'être ennuyeux ou faible sur le plan stylistique.[7]

Depuis ses débuts, le cinéma de Cissé cherche avant tout à représenter des réalités socioculturelles qui n'avaient jamais été vraiment filmées auparavant. Pour explorer ces réalités et inventer un nouveau type de récit, il a mis en

---

6. Manthia Diawara, *op. cit.*, p. 161. (*C'est moi qui traduis*).
7. L'attrait et l'influence des films de Tarkovski – mais surtout avant *Le Sacrifice* sorti en 1986 – pourraient être situés à ce niveau.

place un dispositif de filmage assez souple qui, plutôt que d'imposer des directives de mise en scène, suit ses acteurs dans leurs actions. La patience nécessaire pour percevoir et comprendre correctement une telle image peut s'appuyer sur une expérience de cette temporalité africaine représentée par le film. A partir du moment où le thème du « retour aux sources » met à distance ce contexte – pour réfléchir davantage sur les enjeux culturels du cinéma et élaborer un récit complexe –, l'articulation entre "réalité" et "récit filmique" se déterminera avant tout dans un *rapport à l'espace*. C'est ce que montre l'usage du plan-séquence dans *Yeelen*.

Du rapport à la durée découlait ce qu'on pourrait considérer comme une "conception naturaliste" de l'espace. Cette conception, qui sortirait du cadre d'un « simple respect photographique de l'unité de l'espace »,[8] impliquait néanmoins une certaine sophistication du dispositif cinématographique pour lequel l'espace constitue d'abord un enjeu social et politique. En fait, Cissé a dû attendre avant de pouvoir filmer non seulement Bamako mais un simple village malien : il a fallu qu'il accède au statut de cinéaste indépendant, qu'il puisse prétendre à une production cinématographique digne de ce nom... Les rapports à un territoire et à une symbolisation de l'espace, qu'on peut repérer dans le cinéma de Cissé, prolongent cette dimension politique et sociale, nous amenant aussi à prendre en compte ce qui se joue au-delà d'une visibilité telle que déterminée par le « moteur cinématographique » – pour reprendre une expression de Paul Virilio. Une représentation de l'espace peut ainsi être issue de rapports d'"excès"

---

8. André Bazin (1953, 1957), *Qu'est-ce que le cinéma ?*, Paris, Editions du Cerf, 1994, p. 55.

(ou de « reterritorialisation ») et de “manque” (ou de « déterritorialisation ») à l’espace humain. En définitive, on pourrait percevoir, chez Cissé, un *mouvement qui va de l’“excès” au “manque”*, c’est-à-dire de la référence concrète au territoire à une représentation plus abstraite de l’espace.

Du point de vue d’une « reterritorialisation », il revient à Serge Daney d’avoir repéré dans *Yeelen* l’idéal d’équilibre entre la mise en scène, le filmage, et le lieu de ce filmage. Il définit, de la manière suivante, le *nouveau style cinématographique* que Cissé développe : « L’inscription immédiate des corps dans leur environnement, une appartenance réciproque de l’homme qui marche dans la brousse et dans le plan « brousse » au même rythme et toujours avec une idée derrière la tête. »[9] Cette caractéristique constitue selon Daney une différence fondamentale du filmage avec un cinéma africain qui a souvent pu être considéré comme un cinéma du verbe, c’est-à-dire comme un cinéma qui, à travers ses « actes de parole » ou ses « paroles en acte », exposerait un certain nombre de problèmes politiques. Daney considère qu’avec *Yeelen*, Cissé et le cinéma africain débordent de ce cinéma de la parole pour aborder plus directement les problèmes de la représentation d’un espace africain.[10] Dès *Finyé*, des scènes répondent à cette nouvelle approche ; Serge Daney faisait référence aux scènes de brousse dans *Yeelen*.

Tout en étant engagé dans une recherche d’ordre stylistique, le cinéaste a pu se rendre compte que son rapport au

9. Serge Daney, « Cissé très bien, qu’on se le dise », *Libération*, 9-10 mai 1987, p. 25.
10. Je reviens de manière détaillée sur ce développement de Daney dans le chapitre VII.

paysage dépendrait d'abord de la maîtrise d'un dispositif technique et artistique relativement lourd.[11] Au cinéma, la nature est nécessairement médiatisée par le processus de "mise-en-scène" et de filmage ; c'est d'ailleurs à cause de ces contingences que le « cinéma de brousse » est devenu un genre récent dans l'histoire du cinéma africain. Cissé est le premier à évoquer, à propos de *Yeelen*, la difficulté de trouver les bons lieux et les bons acteurs. Ses repérages ont, dit-il, duré un an et demi. Il cherchait non seulement des lieux qui recèlent une certaine magie, mais aussi des gens qui habitent ces lieux et qui acceptent de jouer leur propre rôle.[12] Lors du tournage, il s'agissait de traiter de cette question de la "lumière", cette composante élémentaire de l'espace, d'une manière qui serait en phase avec l'ambition du projet conduit par Cissé. Le cinéaste décrit ainsi le dispositif élaboré afin de capter la lumière si particulière de ce film :

> Il fallait savoir quel genre de lumière on voulait pour mettre en valeur les éléments du film. Le principal de ces éléments était la peau noire, dans tous ses dégradés possibles, du noir au métissage. J'ai décidé qu'il fallait donc une lumière très dorée, très douce : ce qu'on appelle du jaune doré. C'est une lumière du matin surtout, et aussi du soir. A midi les contrastes sont bien trop violents pour pouvoir espérer obtenir de la douceur. Très tôt surtout : nous nous levions extrêmement tôt et nous sommes sortis de ce tournage très fatigués. On se réveillait à 3 heures pour préparer le tournage et mettre en place les comédiens, et l'on commençait vers 5 heures.[13]

---

11. Ainsi sortirait-on déjà du cadre d'une "spécificité africaine". Je reviens sur cette question de la nature dans le chapitre VIII.
12. Souleymane Cissé, in « L'Afrique dans la lumière », propos recueillis par C. Tesson, *Cahiers du cinéma*, no. 402, décembre 1987.
13. Souleymane Cissé, in *idem*.

Même naturel, l'*espace reste fortement humanisé et technicisé*. On remarque, par ailleurs, que Cissé fait référence à la « peau noire » comme à un élément qu'il prend en compte à l'occasion d'un rapport à l'espace.

Au-delà de *Yeelen*, la question de l'espace a été l'objet de nombreux débats dans la littérature sur les cinémas africains, rappelant les enjeux proprement symboliques qui s'y rattachent. Roy Armes et Lizbeth Malkmus, par exemple, proposent de la considérer à l'aune de deux déterminations politiques et idéologiques : tout d'abord, cette question est déterminée par une conscience panafricaine, théorisée par la Fédération panafricaine des cinéastes (FEPACI), selon laquelle le cinéaste africain doit traiter de problèmes concernant tout le continent ; d'autre part, elle reste inséparable de stratégies de contournement d'une censure politique – dans le cinéma de Cissé, la critique des pouvoirs maliens est évidente, tout en étant indirecte. Ces deux déterminations ont pour conséquence selon Armes and Malkmus, de « renforcer la difficulté à voir les films africains en termes de "cinéma national" ».[14] Cette dernière lecture rappelle qu'un rapport au territoire doit être appréhendé dans toute sa *complexité non seulement sociale et politique mais également anthropologique*. Le rapport à la langue est l'un des marqueurs de cette complexité ; l'ancrage de Souleymane Cissé dans la réalité malienne se joue également à travers la langue bambara, une grande langue de communication, utilisée par plusieurs millions d'individus à travers l'Afrique occidentale. Le risque est qu'en débordant, par le Bambara, d'un cadre

14. Roy Armes et Lizbeth Malkmus, *Arab and African Filmmaking*, London/New Jersey, Zed Books, 1991, pp. 186-187. (*C'est moi qui traduis*).

national, on oublie l'espace malien dans lequel le cinéaste veut situer son action.

La symbolisation de l'espace

Cissé, comme la plupart de ses collègues africains, arrive au dilemme suivant : comment rendre compte à la fois d'un "contexte culturel socioculturel spécifique" et d'un "contexte national" ? On peut supposer qu'il tente de résoudre cette équation en procédant, depuis *Yeelen*, à des analogies directes entre le thème allégorique du film et des mouvements de caméra décrivant un espace donné. Dans *Yeelen*, il s'agit essentiellement d'un travail sur des mouvements verticaux et horizontaux : un thème allégorique – la *réunion de la terre et du ciel* – n'est pas seulement rapporté dans les cartons ouvrant le film, il est littéralement répété par les mouvements horizontaux et verticaux de la caméra, avant que des éléments internes au plan viennent relayer, sur le plan visuel, ces mouvements. On peut retracer une progression tout au long de *Yeelen* pour arriver, conformément au programme allégorique du film, à une réunion de l'horizontalité et de la verticalité. Diverses étapes en rapport avec le thème du sacrifice – peut-être sur le modèle du "parcours initiatique" lié au Komo – peuvent être repérées avant la scène d'apocalypse finale. Je ferai le choix de m'arrêter sur les étapes constituant autant de moments-clés de *Yeelen* ; sur l'ensemble du film, un système complexe de transition et d'enchaînement entre des mouvements verticaux et horizontaux se met en place, contribuant très largement à la cohérence narrative et à la perfection esthétique du film.

Commençons par l'image du lever du soleil au début du film, associée un peu plus loin à celle du sacrifice d'un poulet : l'animal est montré, accroché sur un mat, à travers un mouvement panoramique du haut vers le bas, dans un acte de soumission à la puissance du soleil. La scène suivante de la chèvre offerte à la sculpture du Komo constituerait la part qui est réservée à la terre. Plus généralement, *tous les éléments constitutifs du récit à venir nous sont donnés à voir directement*, bien que de manière très brève : le passage de l'obscurité à la lumière, l'opposition entre la terre et le ciel, et leur réunion à travers le soleil, et finalement le sacrifice. Ainsi se jouerait une première étape hors de l'abstraction des signes idéographiques et du texte d'introduction.

Une seconde étape nous plonge dans le monde plus concret et “réel” du sacrifice et des rites : Soma, ce puissant chef du Komo, prépare le *Pilon magique*, l'instrument dont il se servira pour poursuivre et retrouver un fils accusé de haute trahison. Dans un plan d'ensemble sur le lieu du rite sacrificiel, ces diverses dédicaces à la terre et au ciel sont réunies pour la première fois : le mat, sur lequel un poulet est sacrifié, est visible entièrement ; un élément minéral de forme pyramidal, dans la partie inférieure de ce mat, condense la chaleur du soleil et produit le feu, lequel va embraser un énorme monticule d'herbes et de bois à côté. On pourrait attribuer ce feu à une exposition au soleil (un feu de brousse). Soma entame un rituel qui lui donnerait plutôt une cause magique. Le chef bambara se met à tourner autour des deux bûchers en déclarant :

> Ô Mari, pour réussir il faut savoir trahir. Toi de qui nul ne peut se cacher, je t'offre ce poulet en sacrifice. Livre-moi Nianankoro, où qu'il se trouve. S'il se cache dans les brousses éloignées, incendie-les. Assèche les étangs et dénude les arbres, que je les examine, brise tout et livre-moi Nianankoro. Mari, le tout-puissant, dieu de la brousse. Je t'offre ce poulet pour que tu me trouves Nianankoro. Nivelle les cieux pour que je les parcoure. Mari, dieu des sables, dieu des rochers, brise le ciel, brise la

> terre. Détruis villes et édifices, et trouve-moi Nianankoro. Que les hommes, que les femmes le voient entre mes mains…

On voit, de haut en bas, le monticule dégrossi par les cendres. Soma poursuit son imprécation : « …arrache-le aux cieux ou à la terre et livre-le-moi. Brise le ciel, brise la terre et sois-en le maître. Fais vibrer les cieux ! Fais trembler la terre ! Détruis le pays, fais-y pousser un bois sacré ! » A côté du tas de cendres, le Pilon Magique, sur lequel a été égorgé un poulet, est ainsi clairement dévoilé : cet objet de forme verticale appartient, dans le plan, autant à la terre et qu'au ciel. Désignant ensuite le passage de la verticalité à l'horizontalité – et symbolisant la poursuite de Nianankoro –, le Pilon magique restera l'élément le plus important des séquences suivantes – avec notamment la traversée du village de forgerons. Les séquences de Nianankoro rencontrant une hyène perchée dans un arbre, arrivant en pays peul, et se faisant capturé, reproduiront largement les formes d'horizontalité associées au Pilon Magique comme objet ou comme mouvement.

Dans ce qui peut constituer une troisième étape, le rituel de Baniéba, la mère de Nianankoro, vient répondre et s'opposer au rite guerrier de Soma décrit précédemment. Le fils, comme le voulait Soma, est victime de la sécheresse. Essayant de boire au pis d'une vache, il est fait prisonnier par la tribu peule. Pendant ce temps, sa mère fait sa prière à la déesse de l'eau dans un marigot : elle verse sur sa tête le contenu de quatre calebasses de lait sous une lumière crépusculaire et dit : « Entends-tu la pauvre délaissée que je suis ? Déesse des eaux ! M'entends-tu, mère des mères ? M'entends-tu, mère désemparée ? Sauve mon fils ! Préserve-le du malheur ! Sauve ce pays de la destruction ! Ne laisse pas les herbes recouvrir la maison des Diarra. » Ce symbolisme qu'on pourrait qualifier de "féminin" renvoie aux éléments de la terre et du ciel qui, dans cette séquence, se partagent tout l'espace du cadre. C'est la forme horizontale, terrienne ou aquatique, qui est cette fois privilégiée. D'autres indices, tels que le nom de la famille des Diarra, apparaissent. Mais surtout, cette séquence représente ce qui est au cœur de la cosmogonie dogon et, dans une moindre mesure, bambara, à savoir l'*eau* – c'est-à-dire le « Dieu d'eau », au sujet duquel Marcel Griaule avait appris qu'il est « la force vitale de la terre ».[15]

Une quatrième étape se joue en pays peul, après que Nianankoro ait été libéré pour qu'il apporte son aide, grâce à sa magie, dans le conflit avec un village voisin. Il met alors en place un *rituel* qui semble dans un premier temps assez similaire à ceux de Soma et de Baniéba ; en étant lié à la séquence suivante – les abeilles s'attaquant aux ennemis des Peuls –, ce rituel mettrait en valeur la puissance du jeune homme. Nianankoro est nu.[16] Il confectionne, à l'aide du feu et du tibia droit d'un cheval, un objet qu'il enfoncera dans une butte de terre. La verticalité existe, liée à l'os planté sur le monticule, de même qu'une forme d'horizontalité, qui se rapporterait à la terre. Le rituel se déroule de la nuit au lever du soleil. Ne pouvant réunir les

---

15. « Ogotemmêli employait indifféremment les termes « eau » et « Nommo » / « Si ce n'est grâce au Nommo, disait-il, on ne pouvait pas même créer la terre, car la terre fut pétrie et c'est par l'eau (par le Nommo) qu'elle reçut la vie » / « Quelle vie est dans la terre ? » demanda le Blanc / « La force vitale de la terre est l'eau. Dieu a pétri la terre avec de l'eau. De même, il fait le sang avec de l'eau. Même dans la pierre il y a cette force, car l'humidité est dans tout. » Marcel Griaule (1948), *Dieu d'eau*, Paris, Fayard, 1966, p. 26.
16. Notons au passage que d'autres films africains de la même période montrent également des féticheurs nus lors de rituels : on peut citer, par exemple, *Bouka* de Roger Gnoan M'bala (Côte d'Ivoire, 1988) ou *Otun Oje* de Roger Nahum (Bénin, 1990).

formes de verticalité et d'horizontalité, cette image marquerait sa différence vis-à-vis du symbolisme des scènes précédentes ou comme un mélange des conceptions qui s'y rapportaient.

Cette dernière séquence contraste avec le rituel clairement sacrificiel de Soma, la cinquième étape de notre parcours : un chien et un albinos sont alors filmés par Cissé à travers un effet d'inversion temporelle – l'arrivée des deux victimes sur le lieu du sacrifice –, avant ce qu'on imagine être leur exécution sous les regards terrifiés des serviteurs de Soma ; seules les incantations de ce dernier, hors-champ, nous informent sur ce qui se déroule. Cette partie du film est importante car elle évoque de manière à la fois explicite et spectaculaire jusqu'où peuvent aller des abus de pouvoir. On sait que des sacrifices humains ont été pratiqués dans certains contextes traditionnels,[17] *mais Cissé ne les montre pas.* Cette scène viendrait plutôt renforcer, dans son ensemble, le caractère hautement maléfique du personnage de Soma. Tout en reprenant le fil des étapes précédentes et le principe des mouvements de caméra horizontaux, ainsi que celui du déplacement de personnages à travers le plan, c'est l'idée même d'un "absolutisme du mal" représenté par le chef du Komo que cette partie réintroduit dans le récit, à un moment où le spectateur risquait d'oublier ce qui était au fondement du scénario imaginé par Cissé.

On revient en pays peul, pour une sixième étape : le roi a demandé à Nianankoro de guérir une de ses femmes de la

17. La « valeur attribuée à l'albinos en fait une victime de choix pour les sacrifices offerts à Faro » rappelle Germaine Dieterlen, *Essai sur la religion bambara*, Editions de l'Université de Bruxelles, 1988, p. 108.

stérilité. Dans une séquence comparable à celle où il provoquait l'attaque des abeilles, Nianankoro prépare une décoction pour soigner la femme du chef. Après que cette dernière ait avalé ce que le jeune féticheur lui a donné, la séquence va se singulariser et, à travers des plans rapprochés sur les visages de deux personnages ainsi qu'un léger effet de contre-plongée et de zoom-avant, prendre une tournure "onirique". Cela pourrait rappeler certaines scènes de *Finyé* dans lesquelles Bah, le fils d'un chef coutumier rêvait d'être uni à Batrou, la fille du gouverneur militaire. Dans *Yeelen*, cette séquence de "réalisme magique" semble plus efficace sur les plans stylistique et narratif : elle se réfère au *symbolisme de la lumière* pour créer un effet d'irréalité dans les plans sur les visages de Nianankoro et Attou, la jeune femme peule se dénudant et souriant ; cette séquence se joue, d'autre part, sur quelques plans et sert à représenter, de manière très elliptique, une relation sexuelle entre les deux protagonistes… Nianankoro va avouer lui-même au roi peul sa trahison. Ce dernier lui laisse finalement sa femme, non sans avoir hésité à les tuer. Il fait déjà nuit. Nianankoro et sa jeune femme, pétrie de remords, devront quitter aussitôt le village. Un peu plus loin, l'oncle Baffing – interprété par le fidèle et regretté Ismaïla Sarr – fait une apparition inattendue.[18] Après avoir, lui aussi, montré au roi peul la puissance de la magie des Bambaras, il se remet, tel un double fantomatique de Soma, à la poursuite de Nianankoro ; puis, il disparaît, avec le soleil, dans ligne d'horizon.

Une septième étape concerne le lieu où se retrouve la société du Komo. Soma est venu informer les autres initiés

18. Je reviens, dans la seconde partie du chapitre IV, sur cette séquence et ce qui la fonde dans l'histoire de la réalisation de *Yeelen*.

qu'il accuse son fils d'avoir trahit les secrets du Komo. En d'autres termes, il leur apprend que Nianankoro s'est retiré de la société d'initiation. Or, il s'agit d'une liberté qui est parfaitement inaccessible : la société secrète suspectera toujours le défroqué de révéler un savoir qui tire justement son pouvoir de son caractère ésotérique. Soma déclare donc qu'il poursuit son fils Nianankoro pour le tuer. Au terme d'une cérémonie qui aurait été filmée avec de véritables membres de la société secrète,[19] un mouvement panoramique vertical du haut vers le bas montre l'arbre, sous lequel la réunion a eu lieu, et une statue : les initiés ne sont plus là, il ne reste plus qu'un *objet symbolique du Komo* qui pourrait être considéré comme un condensé des puissances de la terre et du ciel – il s'agit en fait d'une sculpture créée pour les besoins du film.

Une huitième étape se joue dans le pays dogon, et à travers plusieurs travellings horizontaux de gauche à droite. L'un de ces mouvements a lieu sur les parois des fameuses falaises de Bandiagara : malgré l'horizontalité relatif à un mouvement panoramique et la verticalité liée à l'image d'une falaise, ce plan ne donne à voir qu'*une masse sans dimensions*. Le frère jumeau de Soma explique à son neveu l'histoire de sa famille (« Depuis très longtemps, une malédiction frappe notre famille. J'en ignore la cause »). Un autre travelling, répétant celui donnant une première vue générale sur le pays dogon, s'ouvre ensuite sur un paysage nocturne. L'oncle poursuit son explica-

19. Souleymane Cissé, in « L'Afrique dans la lumière », propos recueillis par C. Tesson, *Cahiers du cinéma*, no. 402, décembre 1987. Il convient, encore une fois, de situer cette séquence dans le cadre d'une réappropriation personnelle et de l'invention d'un récit cinématographique, et non pas comme un document sur une cérémonie du Komo.

tion : « Mon esprit est tourmenté car ma fin est proche, et après moi, je ne vois pas qui pourra interpréter cette malédiction. Cela m'angoisse. Hier soir, pourtant, j'ai vu une lumière éclatante traverser le ciel et s'immobiliser devant moi. » Elle dit : « Djigui, [Fin du travelling. On voit désormais la femme de Nianankoro dans un panoramique vertical de bas en haut] la menace qui plane sur les Bambaras frappera le pays mais épargnera ta famille. Ces mots m'ont rendu espoir. » Un dernier travelling montre un village dogon au lever du soleil alors que l'oncle achève son discours : « Ainsi, j'ai quitté le pays, aveugle. Seule ta mère connaît mon histoire. Maintenant que tu m'as rejoint, je vais te remettre l'Aile du Kôrê. Je ne sais si elle a conservé ou non son pouvoir. »

La dernière étape est précisément celle de la rencontre du Pilon Magique et de l'Aile du Kôrê. Armé de l'Aile du Kôrê de son oncle, Nianankoro va à la rencontre de son père. L'ayant trouvé sur une plaine, il plante son instrument dans le sol. En face de lui, Soma et ses serviteurs assistent, stupéfaits, à l'envol du Pilon Magique et à son atterrissage à côté de l'Aile du Kôrê. En quelques plans, cet *objet fait se rencontrer la terre et le ciel*, résumant les formes d'horizontalité et de verticalité des étapes précédentes du film. Nianankoro demande à son père pourquoi il veut le tuer ; il n'obtient comme seule consolation que le fait d'être identifié pour la première fois comme son fils. Il réclame alors la permission de se préparer à mourir. C'est pourtant Soma qui est condamné. Une lumière aveuglante est diffusée par l'Œil Magique dans la partie supérieure de l'Aile du Kôrê. Accompagnée d'un son assourdissant, cette lumière envahit tout le plan, annihile toutes les dimensions de l'espace, le ciel et la terre. Un nouveau monde, d'où émerge la femme de Nianankoro, succède à ce qui à toutes les apparences d'une apocalypse. Plus tard, la jeune femme est accompagnée d'un enfant qu'on pourrait identifier comme le fils de Nianankoro. Il donne à sa mère un œuf ; elle lui remet le boubou de Nianankoro. Le film se termine sur cet échange, signe d'une transmission, après la catastrophe.

IV - IMAGINAIRE D'UN CINEMA AFRICAIN

Le sens "culturaliste" de *Yeelen* résulte de la volonté de Souleymane Cissé à faire valoir l'intérêt des cultures africaines pour le cinéma. Cependant, il convient de ne pas se limiter au cadre d'un « retour aux sources » : le cinéaste situe aussi ce "rapport à la culture" sur un plan "existentiel" ou personnel et non pas seulement sur un plan abstrait. Il s'agit d'un engagement complet et sincère puisque ne servant pas d'appui à une rêverie sur le passé mais à une activité artistique dans le présent. Au-delà des contraintes idéologiques ou matérielles qui dérivent des relations à la culture ainsi que du dispositif cinématographique lui-même, *Yeelen* est aussi le fruit de la créativité d'un cinéaste qui utilise toutes les ressources d'un imaginaire ancré à la fois dans les littératures et mythologies d'Afrique de l'Ouest et dans des "récits universels", y compris ceux venus du cinéma. On pourrait ainsi considérer que l'"imagination personnelle" de Cissé se nourrit de cet "imaginaire plus vaste et impersonnelle", dès lors qu'on part du principe que la question de l'*imagination*, d'un côté, est inséparable d'une invention artistique et, d'un autre côté, a été « éclipsée » dans les grandes discussions théoriques et philosophiques.[1] C'est dans cette perspective que je propose de rendre compte, tout d'abord d'un point de vue plus immanent à la pratique de Cissé, un complexe de rêve, de réalité et de mythologie, puis, sur le plan d'une mise en intrigue, il s'agit de percevoir le passage d'un (difficile) dialogue des générations vers une crise radicale représentée par ce qu'on appellera le scénario œdipien, culminant dans la séquence finale de *Yeelen*.

Un complexe de rêve, de réalité, et de mythologie

A l'occasion de *Yeelen*, Cissé déclare que sa manière de travailler passe au moins à travers quatre étapes : 1) une étape au cours de laquelle le cinéaste ouvre son imagination, 2) une étape d'adaptation entre cette imagination et la réalité, 3) une étape de compromis entre un imaginaire et la réalité, et 4) une étape de développement mythologique. Les relations au rêve, à la réalité et à la mythologie constituent un système de relations – ou complexe – perceptible dans tout le cinéma de Souleymane Cissé ; mais parce qu'ils ne sont jamais dans un rapport d'autonomie, ces

1. Ce n'est pas le lieu de développer ce point mais on pourrait dire, avec Ricœur, qu'il nous manque une « philosophie de l'imagination » qui ne se focaliserait pas sur la seule notion d'« image », qui ne se limiterait pas au seul cadre d'une « sociologie de la culture », et qui prendrait en compte les diverses dimensions que, de l'interprétation à l'invention, recouvre la notion d'« imagination » sur le plan phénoménologique. Voir Paul Ricœur *Lectures on Imagination*, edited by George H. Taylor, 2005. Texte non publié consulté au Fonds Ricœur, ITP, Paris. Compte tenu de cette situation, j'utilise le terme d'« imaginaire » quand je traite de la dimension culturelle, sociale ou, plus généralement, collective de l'« imagination » et le terme d'« imagination » comme équivalent à cette notion d' « invention » propre à l'activité du cinéaste.

éléments constituent des repères interdépendants permettant de cerner un “contenu mental” et de dessiner les contours d’un imaginaire interne au processus de création. Ce *complexe de rêve, de réalité et de mythologie* est aussi ce qui nous ramène à la poïétique du cinéma de Cissé – et à la « critique génétique » que nous pouvons en faire.

Quand il décrit sa façon de travailler, Souleymane Cissé fait remarquer l’importance que revêt, chez lui, l’activité onirique, avant même la réalisation d’un film. Le cinéaste soutient que ces représentations mentales participent encore de la réalisation. La matière première de son travail, explique t-il, c’est le *rêve* ; il fait directement référence au sommeil qu’il dit utiliser comme une technique de création. Mais Cissé ne fait pas seulement référence à l’activité du dormeur : les premiers mots du film que lui consacre Rithy Panh s’ouvre sur son approche de l’écriture, la première ébauche du film à venir ; le cinéaste éprouve la nécessité de s’isoler, ce qui peut parfois être mal perçu par l’environnement social.[2] On peut alors le voir se promener à travers la brousse ou la ville, plongé dans la méditation. Dans l’enceinte d’un cinéma en plein air, il explique le plaisir que peut lui procurer cette rêverie. C’est ce qu’il désigne comme l’étape du processus créatif dédié au travail de l’imagination.[3] Cissé y découvre son sujet le plus librement possible, imagine des personnages, des décors et des actions, et entame, dans un second temps, l’écriture d’un scénario.

---

2. Rithy Panh, *Souleymane Cissé*, documentaire, 52 minutes, Cambodge / France, 1991.
3. Souleymane Cissé, « Yeelen », *Cahiers du Cinéma*, no. 400, octobre 1987.

Une première prise en compte des *contraintes techniques et matérielles* peut apparaître à ce stade, mais c'est d'abord l'imagination qui prime. Quand il écrivait *Yeelen*, Souleymane Cissé pensait avoir atteint une certaine maturité en ayant intégré ses contraintes dès les premières notes écrites. Malgré cette expérience, quand il a relu le scénario de *Yeelen* fraîchement achevé, il a constaté qu'il allait commencer un film très complexe. Il s'est alors demandé : « comment adapter à la réalité cinématographique ces images, ce film imaginé en dehors de toute contrainte. »[4] D'une certaine manière, cette seconde phase dure jusqu'au tournage, puisque le cinéaste éprouve à ce moment l'écart qui existe toujours chez lui entre l'image et le texte, entre le filmage et le scénario. Pour atténuer cet écart, Cissé cherche, lors de la préparation du tournage, un compromis entre le film rêvé et le film à réaliser. C'est la troisième étape de la poïétique qu'on peut décrire ici. Il ne s'agit pas d'un renoncement au rêve (celui-ci continue à motiver sa démarche) ; Souleymane Cissé doit seulement prendre en compte les contraintes économiques propres à toute production cinématographique.

A ce stade, le cinéaste imagine des solutions concrètes pour parvenir à ses fins. Par exemple, ne pouvant réaliser, dans *Yeelen*, une scène où un chef dogon ferait tomber la pluie, il lui substitue les scènes autour de la source sacrée. Malgré ces contraintes, Cissé parvient, dans une dernière phase, à réaliser des scènes à la fois très simples, c'est-à-dire qui peuvent se réduire à un seul plan, et très expressives, c'est-à-dire qui contrastent fortement avec les autres parties du film. Il s'agit par exemple des séquences décrivant le rêve de Bah – son mariage imaginaire avec Batrou

4. Souleymane Cissé, *idem*.

– dans *Finyé*, ou les plans d'animaux en surimpressions à la fin de *Yeelen*. Ce développement esthétique fait appel à un *symbolisme mythologique* renvoyant à un imaginaire – la dimension plus collective de l'imagination.[5] Il entre notamment en jeu au court du montage, à travers un usage assez traditionnel d'insertion ou de surimpression de plans.

Du dialogue des générations au scénario œdipien

Une autre dimension de l'imaginaire qui nourrit le processus créatif de Cissé se rattache à un niveau socioculturel qui serait plus propre à l'Afrique. Dans les traditions africaines, le griot déploie une historiographie qui use des noms de famille comme de repères dans la mémoire collective. Dans un contexte traditionnel, ce nom peut désigner une origine "ethnique" et parfois induire un certain "rang social" ; de nos jours, le nom propre peut conserver un sens pour celui qui est capable de l'identifier.[6] On

5. Dans une perspective ricœurienne, on pourrait dire, d'abord du point de vue du spectateur, que « comprendre une histoire, c'est comprendre à la fois le langage du « faire » et la tradition culturelle de laquelle procède la typologie des intrigues » (Paul Ricœur, *Temps et récit 1*, Paris, Editions du Seuil, 1983, pp. 112-113), puis, concernant plus spécifiquement cette question du symbolisme, qu'« avant d'être soumis à l'interprétation, les symboles sont des interprétants internes à l'action » (Paul Ricœur, *op. cit.*, p. 114).

6. Ce travail d'identification est repérable, par exemple, dans une scène de *Baara* : Balla Diarra, le porteur et Balla Traoré, l'ingénieur se moquent d'eux-mêmes à partir du moment où ils prennent connaissance de leur nom respectif (« Tu serais donc mon esclave ! » dit Balla Traoré l'ingénieur à Balla Diarra le pousseur). Cela nous ramène en partie au cadre malien de la *parenté à plaisanterie* et des pratiques d'« impolitesse rituel ».

retrouve ainsi le nom des Diarra dans *Yeelen* où il nous est dit, à plusieurs reprises, que la tragédie qui se joue trouve d'abord son origine dans un conflit qui touche la généalogie de cette famille. Chez Cissé, la parenté dépasse néanmoins le cadre familial traditionnel ou des arbres généalogiques et peut acquérir un sens beaucoup plus politique : il s'agirait alors d'entrer dans une *parenté omniprésente ou « rhizomatique »* selon laquelle une relation amène à une autre, pour finalement nous rapprocher de l'ensemble d'un environnement social. Dans cette perspective, on est plus directement confronté à des relations dialogiques allant du classique dialogue des générations au pur chaos illustré par le scénario œdipien.

La question d'un dialogue entre les générations est quasi absente des études sur les cinémas africains.[7] Elle est pourtant déterminante chez Cissé qui, à l'instar de Sembène, cherche à rompre avec une conception purement oppositionnelle du relais des générations – une rupture qui pourrait symboliser, dans l'histoire, une forme de trahison des pères envers les fils. Ces cinéastes aiment généralement à donner des objectifs qui resteraient valables pour les jeunes hommes et femmes qui viendront après eux. Au-delà d'une histoire avec ses "pionniers", ses "démodés" et ses "jeunes loups", Cissé ramène sa pratique cinématographique à une *situation générale de l'Afrique*. Ce genre de positionnement peut contenir sa part de paternalisme ; on pourra seulement retenir ici le principe de ne pas séparer un cinéma africain d'un cadre historique plus vaste : avant d'exister de manière autonome à travers un

---

7. A l'exception de Jacques Binet dans « Œdipus Negro », *Positif*, no. 322, décembre 1987.

récit, l'idée d'un dialogue des générations renvoie d'abord au contexte historique de chaque film.

Après *Cinq jours d'une vie*, Cissé a déjà pour projet un film sur une jeunesse en révolte contre les traditions. Ce long-métrage devait s'intituler *Bi Denw* – c'est-à-dire *Les enfants d'aujourd'hui.*[8] Ce projet n'a pas vu le jour, mais il est aisé de voir que tous les films de Cissé jusqu'à *Yeelen* – *Den Muso*, *Baara*, et *Finyé*, et sans parler ici de *Waati* – prolongent, chacun à sa manière, ce projet initial. La règle du grand-père n'est intéressante qu'en restant dans le cadre d'un dialogue politique. En ce sens, Ferid Boughedir considère que la scène-clé de *Finyé* est « celle où le grand-père brûle son habit magique et rejoint la jeunesse ».[9] Sans doute y avait-il déjà une forme d'atténuation du caractère conflictuel des relations entre une jeunesse malienne (incarnée par Bah et Batrou), d'un côté, et les pouvoirs traditionnel et moderne (représentés par Kansaye et Sangaré), d'un autre côté. En 1991, lors de la réalisation de son portrait par Rithy Panh pour la série *Cinéastes de notre temps*, Souleymane Cissé rappelait l'actualité de ce conflit dans l'histoire de son pays. Le Mali, comme beaucoup d'autres pays africains, connaissait à cette époque une nouvelle vague de manifestations estudiantines, laquelle a été sévèrement réprimées.[10] Le

8. Souleymane Cissé, in « Vers un cinéma malien ? », propos recueillis par G. Hennebelle, *Afrique-Asie*, 14 mai 1973, p. 46.

9. Ferid Boughedir, *Le cinéma africain de A à Z*, Bruxelles, OCIC, 1987, p. 124. Boughedir paraphrasait en partie les explications du réalisateur sur le sens de la rencontre entre Kansaye et la jeunesse quelques années plus tôt. Voir Souleymane Cissé, in « Rencontre avec Cissé », Collectif, *Calao*, mai-juin 1983, pp. 3-5.

10. En fait, des étudiants d'Afrique francophone ont trouvé la mort durant cette période. Ces mouvements de violence ont pu être considérés comme une conséquence (paradoxale) du discours de François

conflit entre les générations est ainsi *inséparable de conflits politiques* qui, souvent, ne disent pas leur nom.[11]

Quatre ans plus tôt, *Yeelen* n'atténuait pas la gravité des rapports conflictuels entre les générations. Une certaine théâtralité dans la représentation de ces conflits déplacerait néanmoins le problème sur un plan symbolique qui serait moins accessible au spectateur ordinaire. La conception qu'a Souleymane Cissé d'un conflit intergénérationnel doit alors être interprété dans un sens à la fois historique et politique, mais un sens politique qui, dans *Yeelen*, n'est pas directement perceptible d'un point de vue historique ; cela pourrait sembler paradoxal dans la mesure où, comme beaucoup de films africains de cette époque et de ce style, il a justement été classé dans le genre du « retour aux sources ». Il s'agit en fait d'un film dont le sens politique s'appuie d'abord sur un autre aspect de l'imaginaire africain – l'Œdipe africain –, lequel conduira au développement d'un *scénario œdipien.*

Dans sa critique de *Yeelen*, Jacques Binet a pu faire référence au mythe d'Œdipe.[12] Ce mythe a été interprété par de nombreux artistes, avant et après que la psychanalyse

---

Mitterrand à La Baule en juin 1990, un discours dans lequel il déclarait qu'il est nécessaire de développer la démocratie en Afrique. Mais ce conflit dépasse le cadre des revendications estudiantines. Moussa Traoré, qui était à la tête du pays depuis 1968, est renversé en mars 1991. La répression sanglante de manifestations estudiantines avait été le détonateur d'une révolte globale qui a provoqué la chute de Traoré.

11. Comme on le sait, après deux décennies d'une relative stabilité politique – au point d'avoir parfois été considéré comme un modèle pour l'Afrique francophone –, le Mali connait actuellement de nouveaux troubles remettant cette fois en cause l'intégrité de son territoire national.

12. Jacques Binet, *op. cit.*, pp. 4-7.

(freudienne) ne le fixe dans un schéma mental considéré comme universel. L'analyse de Binet voudrait renvoyer à une même universalité. D'un point de vue formaliste, celle-ci peut résider dans la simple référence au triangle œdipien – et sa reconnaissance (éventuelle) par le spectateur. Répondant à une question de Jacques Binet sur cette relation triangulaire père/mère/fils, Cissé considère qu'il s'agit d'une représentation de la parenté qui est à la fois la source possible d'une identification psychologique, mais aussi d'une *violence*. Souleymane Cissé parle de la nécessité pour lui de « pousser cette cellule familiale jusqu'à l'éclatement parce que c'était, à l'écran, la seule manière de montrer les vrais problèmes qui se posent à nous. »[13] Dès lors, ce sont moins les forces en jeu dans le complexe d'Œdipe qui l'intéressent que ce que ces forces peuvent représenter pour le spectateur.

Ce qui justifie que le cinéaste prenne certaines libertés avec le "schéma œdipien traditionnel". Nianankoro ne tue pas son père et ne couche pas avec sa mère. Il évoque seulement avec cette dernière la nature de ses relations avec le père :

> — Si mon père ne me voulait pas, pourquoi t'as t-il épousée ?
> — Ah, mon fils, parler ainsi te rend maudit.
> — Pardonne-moi. Je ne voulais pas te blesser.
> — Pourquoi me parles-tu de ton père et de moi ? Ne m'a t-il pas épousée pour t'engendrer ? Il n'y a pas de naissance sans mariage. Seul un fils maudit évoque les rapports de ses parents. Je n'aurai pas voulu entendre ses mots de toi. Seras-tu un jour quelqu'un ? Voilà bien ce que ton père craignait de toi. Ma fuite aura été inutile, comme mes sacrifices et mes souffrances.

---

13. Souleymane Cissé, in « Vers les sources de la lumière », propos recueillis par P. Elhelm et C. Waldmann, *Cinergie*, août 1988, p. 6.

> — Mère, pardonne-moi. Je ne croyais pas t'offenser.
> — Mon enfant, je te pardonne volontiers. Depuis que nous fuyons sans trouver d'asile, tu es mon seul réconfort. Je comprends que tu cherches à savoir pourquoi ton père veut ta mort.

Le tabou entourant ici la sexualité renvoie à un caractère sacré qui est propre au complexe d'Œdipe. Mais cela ne suffit pas à justifier la référence à la version psychanalytique du conflit œdipien. On peut reconnaître avec Jacques Binet que l'un des intérêts de *Yeelen*, ce qui le démarque d'une bonne partie de la production cinématographique africaine, est de nous amener aux portes d'un *inconscient*. Le critique sait d'ailleurs que la théorie psychanalytique est rejetée par la plupart des Africains qui pensent qu'elle s'accorde difficilement avec leurs cultures. Malheureusement, c'est pour ensuite déboucher sur une interprétation qui ne s'appuie sur aucun élément historique justifiant une référence à l'intentionnalité du cinéaste : l'objectif de Cissé ne serait alors ni sociale – et donc politique – ni même culturelle ; selon Jacques Binet « cette œuvre est le cri qui échappe à un artiste. »[14] Ce qui enlève au scénario œdipien non seulement tout contenu réel mais aussi toute signification susceptible d'être comprise par des spectateurs étrangers aux contextes socioculturels concernés.

Pour éviter cette impasse, il convient de situer ce scénario œdipien dans le cadre d'une relation symbolique entre la “spécificité” d'un contexte et l'“universalité” d'un sens global, et non pas, comme le fait finalement Binet, au sein d'un symbolisme abstrait auquel pourrait être appliqué n'importe quelle interprétation. Ce qui revient à nous situer dans une autre conception de l'herméneutique, en n'excluant pas les apports de la psychanalyse tout en

14. Jacques Binet, *op. cit.*, p. 6.

débordant de ce seul cadre.[15] On a déjà pu dire que *Yeelen* ne décrit pas une histoire identique au mythe d'Œdipe ; désormais, il semble difficile de tenir plus longtemps cette différence pour insignifiante. L'ethnopsychiatrie pourrait aider à comprendre cette inadéquation ; le problème réside dans une différence fondamentale entre des figures paternelles en Afrique et en "Occident" : dans un contexte africain traditionnel, cette figure tend à s'identifier à toute la *classe d'âge du père*. Ceci est, d'une certaine façon, illustré par une péripétie du tournage de *Yeelen* : Ismaïla Sarr, qui interprétait initialement le rôle de Soma, meurt en mars 1985. Cissé a d'abord vécu cela de manière catastrophique, eu égard aux problèmes qui en découlait sur le plan de la production du film. Il a finalement trouvé la solution suivante : conserver une séquence du regretté Ismaïla Sarr (qui travaillait avec lui depuis *Baara*), en l'incluant au titre d'oncle de Niananakoro qui, comme Soma, cherche à tuer le jeune féticheur. « Les mésaventures du Neveu », dont Marie-Cécile et Edmond Ortigues rappellent qu'ils sont un thème central des mythologies dogon et bambara,[16] ne sont-elles pas équivalentes à celles du fils ? « Tuer le père » revient toujours à « tuer l'ancêtre » ; comme cet ancêtre est un père déjà mort – renforçant d'une certaine manière l'autorité de la Tradition –, l'acte de tuer le père ne peut se faire que par une voie détournée. Celle-ci prend traditionnellement la forme d'une rivalité entre les membres d'une même classe d'âge, ou s'exprime à travers une « conscience persécutive ».[17]

15. Notamment à la suite de Ricœur ; voir *Le conflit des interprétations. Herméneutique I*, Paris, Éditions du Seuil, 1969.

16. Marie-Cécile et Edmond Ortigues, *Œdipe africain*, Paris, L'harmattan, 1984, p. 278.

17. Marie-Cécile et Edmond Ortigues, *op. cit.*, p. 269. Sur la question de la « conscience persécutive », voir aussi Marc Augé, *Génie du*

Le scénario œdipien tel qu'il se dessine dans *Yeelen* fait directement référence à ce contexte coutumier. Il est néanmoins remarquable qu'il ne renvoie à aucune des voies détournées traditionnelles. Souleymane Cissé en choisit une autrement difficile : à travers le jugement d'un de ses représentants (Soma), il veut *mettre en cause de manière radicale le pouvoir traditionnel.* Conformément au principe de l'Œdipe africain, ce meurtre n'est jamais suffisant car les ancêtres sont hors d'atteinte. Et *Yeelen*, comme tous les autres films de Cissé, n'est pas une œuvre “contre” la tradition. Souleymane Cissé déclare ne pas croire à la magie ou n'appartenir à aucune société secrète ; d'un autre côté, même si les pratiques magiques sont d'abord placées sur un plan métaphorique, il est à noter qu'elles ont pu “poser problème” à certains critiques (africains comme occidentaux).[18] Le scénario œdipien doit de la même façon être pensé comme un paradoxe : il revêt un “sens politique général”, mais celui-ci s'appuie sur un “terrain culturel spécifique”. Si bien que ce sens n'est ni uniquement “culturaliste”, c'est-à-dire pensable dans le cadre d'un relativisme culturel, ni uniquement “politique”, c'est-à-dire, dans le cas présent, pensable contre la tradition.

Certains critiques ont perçu ce paradoxe en analysant *Yeelen* à partir du thème de la transmission et en faisant le lien entre différentes significations culturelles et politiques : Ratiba Hadj-Moussa et Monique Pérusse ont ainsi

paganisme, Paris, Gallimard, 1982, p.72.

18. Par exemple, Jacques Binet a pu déclarer que le rapport à la magie est le seul point qui le gêne dans *Yeelen* ; Souleymane Cissé, in « Entretien avec Souleymane Cissé », propos recueillis par J. Binet et K. Touré, *Positif*, décembre 1987, no. 322, pp. 8-10.

proposé de considérer le parcours de Niananankoro comme une « offrande sacrificielle ». L'acquisition du savoir initiatique (et existentiel) passe par tout le circuit de la parenté afin d'assurer le relais des générations. Ce savoir est plus particulièrement l'enjeu de la relation entre Soma, Niananankoro et sa descendance ; il nécessite que Soma reconnaisse Niananankoro comme son fils. Contrairement à ses vœux, il meurt en léguant une partie de son savoir, celle qui fait justement de lui un père. De même, la dernière séquence de *Yeelen* montre la femme de Niananankoro en compagnie de ce que nous supposons être son enfant. Cette image est comparable à celle d'un autre enfant, celui qui attachait une chèvre à la statue du Komo, en ce qu'elle suit, elle aussi, l'image du père. Cette succession est ce qui nous permet d'interpréter l'enfant à la chèvre comme étant l'image d'un Niananankoro jeune ou l'enfant aux œufs comme le fils de Niananankoro. Mais ces images de l'enfance ne constituent pas l'ultime expression du scénario œdipien. Un signe tel que l'œuf ne peut être réduit à un symbole de l'enfance ou de la renaissance ; il renvoie à sa manière à une parenté. Faisant justement référence au symbolisme dogon, Gilles Deleuze et Félix Guattari assimilaient l'œuf à ce qu'ils appellent le « corps sans organes ». Il s'agit d'une totalité constituant une partie du monde mais qui ne souffre qu'on la divise elle-même en parties ; un corps qui vit son temps propre, mais qui est aussi ce qui fait que l'enfant à naître est le « contemporain germinal des parents ».[19] En ce sens, le scénario œdipien participe d'un imaginaire qui ne connaît pas de discontinuité ou d'écart entre ses éléments constitutifs. C'est ce que montre la fin du film : la *nécessité du passage d'un*

19. Gilles Deleuze et Félix Guattari, *Mille plateaux*, Paris, Editions de Minuit, 1980, p. 203.

relais non seulement entre deux générations mais entre deux époques.

Jacques Binet considère *Yeelen* comme le premier film à héros de Cissé, voire des cinémas africains. En effet, les précédents films de Souleymane Cissé sont remarquables par l'absence relative de héros. De nombreux critiques africains ou européens ont voulu y voir une spécificité du "cinéma africain" en général.[20] Avec *Finyé*, le cinéaste malien commence à élaborer des personnages de manière plus personnelle. Plus tard, il ne fait pas de doute que *Yeelen* mette en scène un personnage principal rompant avec le conformisme des générations. Pour le cinéaste, la question du *héros* ne se résume pourtant pas à celle des moyens. « Ça peut fonctionner avec un héros aussi bien qu'avec plusieurs », déclare-t-il alors.[21] Jacques Binet reconnaît que ces figures d'un drame à l'antique sont d'abord les représentants de groupes sociaux. La question serait alors de savoir quel groupe, quelle culture, quel peuple ou quelle nation serait ainsi représentés à travers un film. L'imaginaire sur lequel s'appuie Cissé pourrait empêcher l'appréhension d'un élément narratif comme le

---

20. C'est, généralement, l'une des thèses de la théorie du Third Cinema. Plus concrètement et à titre d'exemple, on peut mentionner ici l'appréciation d'un critique qui parle, à propos de *Baara*, du « plaisir d'apprécier des personnages qui ne nous écrasent pas de leurs problèmes psychologiques. » Cherifa Benabdessadok, « Baara : les héros du quotidien », *Afrique-Asie*, 3 décembre 1984, pp. 63-64. Cissé est le premier à reconnaître que dans *Baara* il n'y a pas de héros, ce qui le différencie de *Den Muso*. Cette forme d'"antipsychologisme" ne suffit pourtant pas à définir l'absence relative de héros dans cette pratique cinématographique.
21. Souleymane Cissé, in « Entretien avec Souleymane Cissé », propos recueillis par J. Binet et K. Touré, *Positif*, no. 322, décembre 1987, p. 9.

héros, au profit d'une mise en avant du cadre social dans lequel le récit s'élabore ; dans le même temps, le rôle social du héros n'est possible que si celui-ci accède simultanément à une existence individuelle.

V - CONDITIONS D'UNE PRATIQUE CINEMATOGRAPHIQUE

Une pratique cinématographique visant à être en phase avec une imagination personnelle et un imaginaire collectif est assez rapidement confrontée à la question de ses *conditions de possibilité de réalisation.* Remarquons, tout d'abord, que Cissé a fait preuve d'une ténacité certaine : malgré les nombreuses difficultés rencontrées, il achève *Yeelen* en 1987 – il avait commencé ce projet en 1984. Il partage avec d'autres cinéastes africains la volonté d'être indépendant d'un pouvoir politique, souvent en se définissant d'abord comme un « artiste ». Une indépendance à l'égard d'un "pouvoir africain" est assez facilement acquise dans la mesure où ce dernier est, à quelques exceptions près,[1] resté relativement indifférent aux pratiques cinématographiques ; elle est sans doute plus complexe concernant un "pouvoir occidental" qui, depuis le début des années 60, a alloué aides financières et techniques aux

1. En Afrique de l'Ouest, on doit évidemment mentionner le Burkina Faso, un pays qui a par ailleurs contribué à la production de *Yeelen.*

cinémas africains ; ces derniers sont nés du contact avec l'Europe et continuent d'exister, en partie, grâce à ses aides. *Yeelen* est un film particulièrement révélateur des échanges Nord-Sud, mais aussi concernant le développement d'une production cinématographique indépendante au niveau régional.

Mais c'est d'abord dans le cadre de son opposition à un "cinéma ethnographique" que Cissé va déterminer une des premières conditions de réalisation de sa pratique. Sur ce point, il n'a fait que prolonger une conception initiée par Sembène. Chez Cissé, cependant, il s'agit d'une opposition quasi viscérale qui entend se placer sur un plan politique et, osons le dire, "spirituel" : elle n'est jamais l'objet d'une critique distanciée ou ironique – qui aurait pu, par exemple, prendre la forme d'un pastiche du "regard ethnographique". Le cinéaste arriverait de cette façon à la lisière séparant ses intentions artistiques les plus sincères des discours idéologiques les plus difficiles à déminer, de telle sorte que le déploiement de sa pratique cinématographique trouve à la fois sa motivation et ses limites dans les *conditions matérielles et "spirituelles"* qui lui permettent de se mettre en place. Revenons alors sur la nature de cette opposition au cinéma ethnographique et sur l'articulation entre esthétique et éthique qui se joue à travers le passage d'un cinéma du « mégotage » à un film, *Yeelen*, à propos duquel Daney réemploiera l'expression de Rohmer : le « goût de la beauté ».

Contre le "cinéma ethnographique"

L'opposition au "cinéma ethnographique" est devenue un thème classique du cinéma africain depuis Ousmane Sembène. A première vue, cette critique reviendrait à dire que le cinéma ethnographique occidental déposséderait les Africains de leurs propres images ou d'une maîtrise sur ces images. En disant seulement cela, on négligerait cependant la profondeur du contentieux entre les cinéastes africains (principalement des deux premières générations) et les "cinéastes-ethnographes" ayant travaillé en partie durant l'ère coloniale dans des pays africains ; ce différend ne peut être assimilé aux insultes que recevrait une personne photographiant un tas d'ordures dans une grande ville africaine ou à la réaction d'une personne à qui l'on n'aurait pas demandé l'autorisation pour la diffusion de son image. Pour les cinéastes comme Cissé, le fond du problème n'est pas une fierté qui serait blessée ou une image de soi qui ne serait pas flatteuse, mais la *vérité qui serait trahie*. Ce qui constitue le pire des défauts pour une technique qui a pour fonction de servir une enquête scientifique.

A partir de cette critique, tous les cinéastes africains n'ont pas adopté la même attitude. Historiquement, le réalisme social constitue néanmoins la première stratégie d'opposition au film ethnographique. Contrairement à l'écrivain et cinéaste sénégalais, Cissé n'a pas clairement nommé ces ethnographes voyeuristes qui regarderaient les Africains « comme des insectes »,[2] en commençant par Jean Rouch qui a travaillé sur les mêmes sites que Souleymane Cissé.[3] Malgré cela, on ne trouve pas trace d'un dialogue concret entre Cissé et les "africanistes". Selon Manthia Diawara, Cissé aurait cependant clairement dési-

2. Ousmane Sembène, in « Le cinéma et l'Afrique », propos recueillis par J. Cervoni, *CinémAction*, no. 64, 1996, p. 106.
3. L'un des premiers films de Rouch, *Cimetière dans la falaise* (1950) a été tourné en pays dogon, bien avant son importante série sur les cérémonies du Sigui (de 1967 à 1974).

gné le *cinéma de Rouch* comme la pratique à laquelle il veut s'opposer.[4] A la suite de sa fameuse discussion avec Rouch, Ousmane Sembène avait choisi de se taire au sujet de ces pratiques occidentales en terres africaines. Ses propos avaient le mérite d'être marqués par un esprit d'ouverture des différents protagonistes ; Sembène procède notamment à une petite étude comparée des premières œuvres du cinéma africain.[5] A côté, la critique de Cissé pourrait sembler abstraite ou sonner comme un leitmotiv plus ou moins pertinent.

C'est aussi que le contexte historique n'est plus le même. Le Malien développerait la critique de Sembène en dramatisant un point aveugle du dialogue entre Rouch et Sembène : le poids du "cinéma ethnographique occidental" en termes de production d'images. L'œuvre de Rouch est, du point de vue du nombre de films produits et de la durée d'activité du cinéaste, l'une des plus importantes d'Afrique subsaharienne.[6] Les films africains, de leur côté, sont souvent oubliés peu de temps après leurs exhibitions – principalement dans des pays occidentaux –, quand ils ont eu la chance d'être montrés dans des festivals ou d'être distribués. Tout en exhibant certains de ses films dans un cadre strictement scientifique – des précautions ont notamment été prises par Rouch à propos des *Maîtres fous*, après qu'il ait fait l'expérience de malentendus tout azimut –, le cinéma de l'anthropologue français a pu se développer sans trop de contraintes. Aucun jugement n'est à porter sur ce fait – il va de soi que l'œuvre de Rouch est incontournable dans l'histoire du cinéma mondial. Mais de ce

4. Manthia Diawara, *African Cinema. Politics and Culture*, Bloomington, Indiana University Press, 1992, pp. 32-34.
5. Ousmane Sembène, in *op. cit.*, pp. 104-107.
6. La filmographie de Jean Rouch compte environ 120 réalisations.

magistère rouchien découle en partie la stratégie des deux premières générations de réalisateurs africains qui se considèrent généralement comme des *libérateurs des moyens de production* et qui vont parfois jusqu'à affirmer – de manière indéfendable mais symptomatique du ressentiment qu'il convient de prendre en compte ici – que les images qu'ils donnent des cultures africaines seraient les seules légitimes.

Un certain nombre de cinéastes africains vont d'abord s'opposer à l'argument de Rouch selon lequel les Africains auraient à répliquer à une ethnographie occidentale de l'Afrique par une ethnographie africaine de l'Occident.[7] Richard de Medeiros va jusqu'à utiliser le mot de naïveté et imagine une réponse possible de Rouch à ses pauvres détracteurs : « Vous aussi, regardez-moi comme un insecte et nous sommes quittes. »[8] Cet argument de Rouch dénoterait une forme de "mauvaise foi" et se servirait d'un cinéma africain naissant pour justifier sa propre pratique ; par ailleurs, il serait quelque peu "déconnecté" des difficultés auxquels sont inévitablement confrontés les cinéastes africains en termes d'accès à des moyens de production puis d'exploitation ; finalement, l'histoire a montré que le premier objectif des cinéastes africains a été de filmer l'Afrique, de « décoloniser », selon la formule consacrée, les représentations visuelles et sonores de l'Afrique – même s'il existe une veine de films réalisés par des ci-

7. A l'époque de son entretien avec Sembène, Rouch faisait implicitement référence à *Afrique-sur-Seine* (Vieyra et al., 1955) en l'assimilant à l'équivalent africain de sa pratique.

8. Richard de Medeiros, in « Les avis de cinq cinéastes d'Afrique noire », propos recueillis par P. Haffner, *CinémAction*, no. 64, 1996, p. 93.

néastes africains dans des pays occidentaux.[9] Rappelons ici l'exemple de Manthia Diawara qui a réalisé un documentaire sur Rouch qui voudrait prendre au mot la réponse que l'anthropologue français donnait à Sembène.[10] A sa manière, et peut-être tout aussi involontairement que ce qui est reproché au cinéma de Rouch, ce film montre comment "celui qui est observé" pourrait se sentir diminué et comment "celui qui observe" pourrait être "arrogant".[11] L'opposition de Cissé au passé ethnographique du cinéma en Afrique est une réaction à cet écart entre "observé" et "observant" ; pas davantage que le film ethnographique, elle n'est une solution pour combler le fossé entre le sujet et l'objet, la condition de tout discours scientifique. Au mieux avons-nous assisté à l'émergence d'un *"sujet" africain autonome* à travers le médium cinématographique.

Dans cette opposition au cinéma ethnographique, le cinéaste malien mettra néanmoins plus que d'autres l'accent sur la *question du sacré*. Ce qu'aurait trouvé Cissé à travers la critique de Sembène, ce n'est rien de moins qu'une raison d'être : ils doutent que les "cinéastes-ethnographes" puissent réellement filmer le sacré en Afrique, des sociétés d'initiations les plus fermées à la vie quotidienne la plus banale. Aux yeux des cinéastes africains, la représentation ethnographique passe toujours par un filtre idéologique qui est considéré, sinon comme l'équivalent du colonialisme, du moins comme son avatar scientifique et cinématographique. En considérant que le cinéma ethnographique

---

9. Après *Afrique-sur-Seine*, un certain nombre de films africains (notamment, entre beaucoup d'autres, d'Idrissa Ouédraogo, Jean-Marie Teno ou Mwezé Ngangura,) se jouent aussi en Europe.
10. Manthia Diawara, *Rouch in Reverse*, Mali / USA, 1995.
11. Au sens de "s'arroger" quelque chose.

ne comprend rien à ce qu'est le sacré pour les africains, ces cinéastes africains voudrait plus précisément mettre en cause une partie de l'ethnographie française, notamment en Afrique de l'Ouest. Dans son *Discours sur le colonialisme*, Aimé Césaire s'en prenait violemment aux « ethnographes métaphysiciens et dogoneux »,[12] visant, sans les nommer, les travaux de Griaule ; de son côté, on peut penser que Cissé pointe plus directement la pratique de leurs homologues du cinéma ethnographique. Une des sources du malentendu, de la méprise et, finalement, de cette dispute, se situe probablement à ce niveau : cette "école" française qui s'est développée autour de Marcel Griaule, notamment à la suite de la mission Dakar-Djibouti de 1931, s'était attachée à être plus proche des populations et des cultures étudiées – par opposition à l'ethnologie en chambre du XIXème siècle mais aussi aux conceptions positivistes de l'anthropologie postulant une "authenticité" des cultures étudiées. Tout en ayant été admis dans les milieux professionnels et cinéphiliques français, Rouch est également un héritier de cette "école".[13] Il a prolongé, à travers le cinéma, la méthodologie et l'esprit empirique de Griaule, lequel n'a pas hésité à promouvoir des nouvelles techniques de représentation et

12. Aimé Césaire, *Discours sur le colonialisme*, Paris, Présence Africaine, 1955, p. 31.
13. Reconnu par Godard comme un cinéaste éminent, Rouch était devenu un membre de la Nouvelle vague ainsi qu'un habitué de la Cinémathèque française. Pendant le reste de sa carrière, il s'est souvent amusé de cette situation de "scientifique" et d'"artiste" qui le plaçait, notamment après la création du Comité du film ethnographique, dans des situations délicates vis-à-vis des deux camps. Voir notamment Luc de Heusch, « Jean Rouch et la naissance de l'anthropologie visuelle. Brève histoire du Comité international du film ethnographique », *L'Homme*, 2006 / 4, no. 180, pp. 43-71.

de recueil de données (incluant ici la photographie et le cinéma).[14]

Avec *Yeelen*, Cissé voudrait arriver à un résultat comparable à celui de Rouch, à cette différence près qu'il s'agit, pour lui, de mettre en avant un "point de vue africain".[15] Le cinéaste malien ne s'intéresse pas seulement à la culture bambara, il prend aussi à bras-le-corps des éléments peuls et dogons. Il affirme que les grands africanistes à travers le monde n'ont pas aimé ce dernier film et précise que son intention était de « prendre le contre-pied exact de l'esprit qui anime les ethnologues et autres chercheurs qui essaient d'expliquer l'Afrique comme on apprend une langue morte ».[16] Le cinéaste répétera souvent cette idée.

14. Des critiques ont été émises, depuis l'intérieur de l'anthropologie, pour reprocher à Griaule d'« avoir pratiqué l'art de l'informateur privilégié et (…) de ne pas avoir confronté ces témoignages à d'autres témoignages ou plutôt ces interprétations à d'autres interprétations. » (Jean-Loup Amselle, « L'anthropologie au deuxième degré », *Cahiers d'études africaines*, no. 160, XL-4, 2000, pp. 775.) Amselle considère, cependant, que ce défaut ne doit pas constituer un prétexte pour verser dans un excès inverse : un positivisme étriqué qui remettrait (indirectement) en selle le mythe d'une « authenticité culturelle ».

15. Du reste, il semble que Rouch ait regardé avec intérêt la proposition de Cissé, si l'on en croit ses propos recueillis par Carmen Diop : « Les paysages de *Yeelen* sont documentaires, c'est très astucieux. C'est comme ça que je vois les choses dans une Afrique ancienne ou incertaine : les relations entre l'homme et la nature, entre le réel et l'imaginaire » in « Jean Rouch : l'anthropologie autrement », *Journal des anthropologues*, no. 110-111, 2007, p. 200.

16. Souleymane Cissé, in « Vers les sources de la lumière », propos recueillis par P. Elhelm et C. Waldmann, *Cinergie*, août 1988, p. 6. Dans le même ordre d'idée, il déclare un an plus tôt qu'« il faut que tous les cinéastes venus en Afrique pour traiter des hommes comme des fourmis, et qui se sont enrichis sur leur dos, aient conscience avant leur mort d'avoir laissé une trace sur le continent qui va marquer des générations et des générations. Mon film est un contrepoint à cela. »

Waati prolonge la volonté de *Yeelen* de constituer, de l'intérieur, un discours sur la culture, à l'image d'une héroïne qui, au terme d'un périple entre l'Afrique du Sud et l'Afrique de l'Ouest, soutient une thèse de doctorat en civilisations africaines. Mais *Waati* n'est pas *Yeelen* ; seul ce dernier film traite d'éléments maintes fois approchés par l'ethnologie ou l'anthropologie. La société d'initiation du Komo ou la cosmogonie dogon, par exemple, méritaient aussi, selon le cinéaste, d'être décrites *de l'intérieur ou dans un rapport de proximité*. Germaine Dieterlen rappelle d'ailleurs que de nombreux points communs existent entre les mythologies dogon et bambara, et que ces peuples d'Afrique occidentale considèrent qu'ils ont une origine et une histoire commune. Par ailleurs, suspecter l'ethnologie, sur le plan idéologique, de ne pas être une science reste encore moins grave que, concernant son rapport à l'universalité, de déclarer qu'elle n'est pas humaine. Rouch dénie lui-même au cinéma ethnographique la capacité d'être objectif et c'est sans doute grâce à cette conscience aiguë des limites d'un statut documentaire des images qu'il a pu aussi réaliser des fictions. Pour Cissé, le cinéma devient l'instrument d'une “anthropologie dans le monde” avant de fournir éventuellement un certain nombre de connaissances sur ce monde. Ce qui lui fait dire un jour, en réponse à un message de regret de Jean-Luc Godard de n'avoir pu le rencontrer, qu'il aimerait l'inviter au Mali « pour qu'il prenne contact avec la conception du monde dogon ».[17] L'extériorité d'un regard occidental ne serait ainsi pas mise en cause à partir du moment où ce

Souleymane Cissé, in « L'Afrique dans la lumière », propos recueillis par C. Tesson, *Cahiers du Cinéma*, no. 402, décembre 1987.

17. Souleymane Cissé, in « La longue résistance de l'Afrique vue par Souleymane Cissé », propos recueillis par M. Levieux, *L'Humanité*, 17 mai 1995, p. 25.

regard aurait renoncé à être le seul vecteur possible d'une universalisation.

Plus concrètement, cette conception n'est pas sans bousculer quelques présupposés de l'"anthropologie visuelle" telle qu'elle a pu être théorisée non pas par Rouch lui-même mais notamment sur la base de son anthropologie participative. Cissé conteste à cette dernière une capacité à transcrire une réalité qui serait utile à une recherche scientifique. Marc-Henri Piault reconnaît de même que l'"anthropologie visuelle" ne peut se cacher derrière le langage de l'autre parce qu'un tel langage n'est « pas suffisant à établir un objet de réalité »[18] ; pour autant, il considère que la relation de participation entre les différents acteurs du dispositif anthropologique est ce qui permet de maintenir un lien avec le réel. Il n'en reste pas moins que ces différents acteurs, qu'on les considère comme des "sujets" ou comme des "objets", peuvent ne pas porter le même intérêt à une *relation de participation*. Des formes d'assujettissement ou de réification peuvent aussi exister. Cissé tend, de son côté, à penser qu'un échange équitable entre "observés" et "observateurs" a rarement lieu, que le réel est irréductible aux représentations que les différents acteurs du dispositif anthropologique-cinématographique s'en font.

On retrouverait ici l'inspiration marxiste de la critique de l'ethnologie par Césaire ou Sembène. Après avoir rejeté *Les Maîtres fous*, Sembène pouvait encore dire à Rouch combien il a *Moi, un noir* en estime ; Cissé ne tient pas le même langage à l'égard de ses contemporains. Même

18. Marc-Henri Piault, « Une pensée fertile », *CinémAction*, no. 81, 1996, pp. 46-55.

quand il s'agit de fictions, il considère généralement que « ce ne sont pas des films ».[19] Comme pour les ethnologues, ils ne mentionnent aucuns noms. (Il a pu néanmoins faire, une fois, allusion aux "films africains" de Werner Herzog et Marco Ferreri,[20] lesquels font un usage assez téméraire de certains signes du sacré africain.) Il faut croire que cette question du sacré qui habite Cissé met aussi en péril toute tentative d'appropriation occidentale de l'Afrique qui ne serait pas mue par un désir de compréhension d'une "africanité". L'Afrique a attiré de nombreux écrivains, intellectuels, et cinéastes français qui, au-delà d'un dépaysement ou de l'exotisme, ont aussi cherché à s'y ressourcer "spirituellement" ou à retrouver un lien avec une forme de sacré ; ainsi doit-on comprendre les relations qui se sont établis entre surréalisme, cinéma, et ethnographie.[21] L'aide française aux cinémas africains peut aussi être rattachée à cette histoire-là. Probablement à cause de cet intérêt romantique, parfois mâtiné de fantasmes mal réglés en direction du « Continent noir », Sembène avait choisit, dès ses débuts, de ne pas répondre à certaines des attentes du Bureau du cinéma de la coopération française. Avec *Yeelen*, Souleymane Cissé fait, de son côté, référence à une "spiritualité africaine" dans un sens qui pourrait être séduisant pour les Occidentaux. Il entérine, toutefois, l'idée de Sembène selon laquelle seul un récit de fiction peut décrire l'Afrique dans toute sa complexité. Dès lors, la *fiction est une des conditions* pour

19. Souleymane Cissé, in « Le cinéma africain est mal parti », propos recueillis par J-J. Louarn, *Faim et Développement*, mars 1990, p. 19.
20. Werner Herzog, *Cobra Verde*, 1988, Allemagne ; Marco Ferreri, *Y'a bon les blancs*, 1987, Italie.
21. Parmi les nombreuses études sur le sujet, on pourra consulter notamment le recueil pluridisciplinaire de C. W. Thompson, *L'Autre et le sacré*, Paris, L'harmattan, 1995.

qu'émerge une vérité sur l'Afrique et elle doit résulter d'une relation la plus étroite possible avec les réalités africaines.

Mais une telle conception témoigne encore du contact de ces cinéastes avec le monde occidental : elle est, en effet, ce qui conduit Sembène à devenir un écrivain et à tenir souvent en plus haute estime cette compétence-là. L'approche de Cissé, d'autre part, pourrait être située dans le cadre d'une sorte de nietzschéisme selon lequel le mensonge cinématographique serait la source d'une plus grande vérité sur l'Afrique que le plus réaliste des films documentaires. Rappelons finalement que, grâce à sa connaissance du terrain, Rouch a non seulement tourner des films comme *Moi, un noir* mais à aider des réalisateurs africains débutants. Sembène avait sans doute ces éléments en tête quand il reconnaissait à son cinéma une dimension politique qui ne serait pas incompatible avec son activité d'anthropologue. Au total, la critique du "cinéma ethnographique occidental" se joue encore dans le cadre des liens de coopération et d'échanges entre l'Europe et l'Afrique. Le tournage de *Yeelen* a été éprouvant et aventureux, mais le résultat a dépassé toutes les espérances de Cissé, lesquelles révèlent un *important désir de reconnaissance occidentale*. Le cinéaste déclare ainsi :

> Lorsque j'ai vu *[Yeelen]*, terminé, pour la première fois, je vous jure que j'ai pleuré, que je n'ai pas pu retenir mes larmes... Je crois que nous avons été loin avec ce film. Et si je peux dire cela, qui a l'air prétentieux, c'est parce que beaucoup d'Européens, qui travaillent en Afrique, ont saisi le sens du film. Ils ont compris la richesse et la profondeur de cette culture...[22]

---

22. Souleymane Cissé, in « Vers les sources de la lumière », propos recueillis par P. Elhelm et C. Waldmann, *Cinergie*, août 1988, p. 5.

Ce qui oblige à se prémunir de l'illusion consistant à juger une pratique cinématographique africaine à l'aune d'une pureté culturelle ou politique.[23] *Yeelen* est aussi le résultat de cette coopération cinématographique. L'opposition au "cinéma ethnographique" ne saurait donc être appréhendée uniquement dans le cadre d'une relation au sacré : elle doit également être située dans l'*histoire des relations de coopération scientifique et culturelle* entre la France et l'Afrique subsaharienne. En effet, la Coopération française a pu considérer avec intérêt la capacité de réalisateurs comme Souleymane Cissé à surmonter et compenser les obstacles d'une production nécessairement différente de celle d'un film européen. Pour Dudley Andrew, « *Yeelen* semble être le type de films que le Français Jean-René Debrix avait en tête lorsqu'il créa en 1963, le Bureau du Cinéma, destiné à assurer la production locale de films africains. »[24] Mais depuis qu'il développe de manière plus approfondie quelques-unes de ses idées les plus personnelles, Cissé n'a pu être aidé de manière significative par le Ministère français de la coopération. En effet, le Bureau du cinéma disparaît avec la restructuration du Ministère en 1979. (Jean-René Debrix meurt en 1978.) D'importants changements interviennent à l'orée des années 80, conduisant en particulier à la création d'Atria pour combler le

23. Par ailleurs, il est aujourd'hui admis que, sur le plan de l'aide au développement, la coopération entre les pays occidentaux et l'Afrique a été compromise dans des intérêts particuliers et non dans la recherche d'un bien commun ; elle a engendré de la corruption et à contribuer au maintien de régimes dictatoriaux ou autocrates.

24. Dudley Andrew « Falaises sacrées et espaces communs », *Iris*, no. 18, 1995, p. 113. Voir notamment Jean-René Debrix, « Le cinéma africain », *Afrique contemporaine*, nos. 38-39, juillet-octobre 1968, pp. 7-12, ainsi que Guy Hennebelle, « Entretien avec Jean-René Debrix », *L'Afrique littéraire et artistique*, no. 43, 1977, pp. 77-89.

vide provoqué par ces changements institutionnels : Cissé s'appuiera alors sur l'équipe constituée autour de sa chef-monteuse, Andrée Davanture. Si Cissé a pu être "désavantagé" lorsqu'il pratiquait, comme Sembène, un cinéma engagé qui n'offrait aucun exotisme aux Occidentaux, son cinéma a pu, d'une certaine façon, devenir "à la mode" avec l'arrivée d'un gouvernement socialiste en France au début des années 80. *Yeelen* a bénéficié de ce contexte politique plus favorable.

Entre mégotage et goût de la beauté

Mais le contexte historique dans lequel Cissé a réalisé *Yeelen* est également celui qui allait conduire à la chute du Mur de Berlin et du bloc soviétique : une ère était en train de s'achever, anticipant à bien des égards sur le XXIème siècle. Et il est significatif que le cinéaste rapporte, dans le film que lui consacre Rithy Panh, des propos d'Andreï Tarkovski. (Là encore, ce lien a d'abord été établi par Serge Daney, qui faisait également référence au cinéma Paradjanov.[25]) Le Malien semble s'être donné pour objectif de contrer un processus d'infantilisation ainsi décrit par le Russe : « Dès le moment où nous confions à d'autres le soin de résoudre nos propres problèmes, le fossé qui sépare le processus matériel du processus spirituel ne cesse de s'élargir. »[26] Cette communauté de pensée un peu inattendue serait moins la conséquence d'une même formation au VGIK – la célèbre école de cinéma de Moscou – qu'à un contexte historico-idéologique comparable. Tarkovski

25. Serge Daney, « Cissé très bien, qu'on se le dise », *Libération*, 9-10 mai 1987, pp. 24-25.
26. Andreï Tarkovski, *Le Temps scellé. De L'enfance d'Ivan au Sacrifice*, Paris, Cahiers du Cinéma / l'Etoile, 1989, p. 216.

considérait ainsi que pour un Occident riche et démocratique, l'art est sinon un divertissement du moins quelque chose comme une valeur ajoutée au confort moderne, un bien de consommation ; ailleurs, il peut être un *"bien" tout court*, voire de l'« oxygène ».[27] Dans la mesure où cette réflexion sur la nature anarchique de l'art n'aboutit jamais à un élitisme, elle peut servir d'argument à des auteurs désirant produire un cinéma à l'image d'une situation politique donnée et non pas forcément au service d'une politique déterminée. Deux perspectives se dessinerait alors chez le cinéaste : une qui essaie directement de faire de l'esthétique un enjeu politique ; une autre qui tente de réduire l'écart qui, inévitablement, se creuse entre les deux.

La réflexion, sous-jacente ou implicite, de Cissé sur l'identification entre esthétique et politique a pu être influencée par un discours post-tiers-mondiste sur la *dimension culturelle du développement* : bien qu'on ne trouve pas de preuves directes d'une telle influence, il est indéniable que ce cinéma reflète, à sa façon, cette orientation idéologique apparue dans les années 70 et 80.[28] Pour cette approche, il s'agit de faire place à une réflexion sur les atouts culturels des pays du "tiers-monde" ; la culture est alors considérée comme une contrainte positive pour l'économie et comme l'instrument politique d'un progrès

---

27. « Entretien avec Andreï Tarkovski », propos recueillis par B. Edelhajt, *Cahiers du cinéma*, no. 392, février 1987, p. 41. Tarkovski reprenait à sa manière une réflexion classique de l'esthétique sur la neutralisation progressive de la nature anarchique de l'art à travers l'histoire. Voir notamment Edgar Wind (1963), *Art et Anarchie*, Paris, Gallimard, 1988, p. 127.

28. Marc Poncelet, *Une utopie post-tiers-mondiste. La dimension culturelle du développement*, Paris, L'harmattan, 1994.

social. L'idée selon lequel l'art et la culture n'étaient pas des priorités de la décolonisation et des indépendances et que cela a constitué une lourde erreur politique est commune à Souleymane Cissé et à cette sociologie du développement. Le cinéaste considère que le rôle secondaire qui était attribué à l'art et à la culture est désormais révolu, et il décrit en ces termes la situation actuelle : « Je crois que nos dirigeants ont enfin compris que l'Afrique a autant besoin de développer sa culture que de fabriquer son pain. »[29] On pourrait considérer ces propos comme un second leitmotiv dans le discours de Cissé.

Par ailleurs, il s'agit d'une conception du développement qui, à la même époque, s'est institutionnalisée.[30] Selon une analyse hégélienne devenue classique, on pourrait rappeler que le monde de la culture peut aussi être un facteur d'aliénation dès lors que les diverses "expressions culturelles" ne reposent sur rien de « substantiel »[31] : se joueraient ici les limites de cette conception post-tiers-mondiste du développement, alors que les échecs des précédentes politiques sont devenues de plus en plus évidents. Concernant sa pratique de cinéaste, Cissé cherche avant tout à marquer sa différence avec une tendance assez répandue qui, pour ne pas désespérer un "Billancourt tiers-mondiste", ne reconnaît les films africains

---

29. Souleymane Cissé, in *idem*.

30. A l'image d'Alpha Oumar Konaré qui fut à la fois le Président de la République du Mali de 1992 à 2002 et engagé dans la défense du patrimoine culturel et artistique mondial – il avait notamment présidé l'International Council Of Museum (ICOM) de 1989 à 1992. Pour la période récente, il convient de rappeler l'exemple d'un autre cinéaste malien, Cheikh Oumar Sissoko, qui a été Ministre de la culture de 2002 à 2007.

31. Georg W. F. Hegel (1807), *Phénoménologie de l'esprit*, Paris, Vrin, 2006.

que d'un point de vue politique, et non d'un point de vue *à la fois* culturel et politique.[32] Cissé a indiqué, à de multiples occasions, son désir de se placer depuis ces deux points de vue. C'est cette contrainte qui, précisément, va limiter un rapprochement complet avec cette nouvelle sociologie du développement. La conception qu'a le cinéaste du rôle politique de l'art pourrait alors être davantage envisagée comme une *contradiction* au sens marxiste du terme : une inadéquation entre la réalité de l'art et de la culture dans le contexte malien et l'idée que le cinéaste se fait de cet art et de cette culture. Pour autant qu'elle révèle le sens social de la pratique cinématographique de Cissé, cette contradiction ne saurait être appréhendée par un « travail d'identification des valeurs de classe » ; ce cinéma ne représente dans son ensemble aucun "milieu social ou socioculturel", au sens sociologique du terme, mais plutôt une "totalité culturelle". Ce qui expliquerait qu'il se soit intéressé, avec *Yeelen*, aux formes les plus archétypales (mythologiques ou historiques) de cette "totalité culturelle".

La conséquence la plus visible de cette contradiction – et généralement la plus remarquée – est d'amener le cinéaste à concentrer une bonne partie de ses efforts sur le plan esthétique. Souleymane Cissé déclare qu'il veut donner, avec des films comme *Yeelen*, une autre image de l'Afrique. Le risque, c'est que cette image n'existe que grâce à sa beauté formelle, avant d'acquérir, éventuellement, un sens social et politique. En s'appuyant sur le constat que l'Afrique n'a jamais eu une bonne image dans

32. Souleymane Cissé, in « We make films...but we do not exist », propos recueillis par H. Goutier, *The Courier*, November-December 1996, pp. 80-82.

le monde, Cissé n'a pas non plus évacué toute tentation d'embellissement ou tout risque d'esthétisation. Pour autant, ce *goût de la beauté*, ainsi que l'a qualifié Daney en reprenant, de manière significative, la formule de Rohmer,[33] semble être d'abord relatif aux conditions de réalisation d'un film comme *Yeelen* : en Afrique, tout est là, mais peu d'infrastructures existent pour faire des films ; le cinéaste chercherait malgré tout à adapter au cinéma un univers culturel oublié, méprisé ou méconnu, avant que les forces économiques ou les technologies de la globalisation (dont le cinéma constitue l'un des avatars), ne s'en mêlent d'une manière possiblement destructrice ou inappropriée. Pour Cissé, il s'agit d'être, sans doute de manière équivoque, à l'échelle de ce monde sans toutefois sacrifier à un ancrage culturel spécifique.[34] Passé le stade du consensus culturel, artistique ou même politique, vient un moment où, comme beaucoup de cinéastes africains, Cissé ne peut

33. Eric Rohmer, *Le goût de la beauté*, Paris, Editions de l'Etoile / Cahiers du cinéma, 1984. Réunissant des textes écrits par Rohmer entre 1948 et 1979, ce livre est paru à l'époque de la réalisation de *Yeelen*.

34. Cet effort peut d'ailleurs se jouer à travers une critique d'une version médiatique de ce système mondial. A l'époque de *Yeelen*, Cissé commence à s'inquiéter, en ces termes, du cliché que donnaient les médias de la famine au Sahel : « C'était la vérité, la réalité – à 200 kilomètres du lieu de tournage, des gens mouraient de faim. Mais sur le plan cinématographique, comment la faire exister, cette réalité, dans l'imaginaire des spectateurs, sans pour autant les « brutaliser » ? » Souleymane Cissé, in « Cissé : On peut se dire que c'est purement de la magie », propos recueillis par B. Ollier, *Libération*, 2 décembre 1987, p. 34. Une telle voix oppositionnelle suppose néanmoins qu'un relais politique existe. En théorie, l'attitude de Cissé alterne entre un appel à une aide gouvernementale et le constat qu'aucun fondement n'a été posé pour la naissance d'une production nationale ; en pratique, il ne fait pas de doute qu'il a bénéficié de soutiens politiques au Mali, au Burkina Faso, et en France.

tirer une satisfaction que du travail de réalisation proprement dit – incluant ici non seulement le tournage du film, mais aussi l'écriture du scénario et le montage. L'œuvre à produire, notamment à partir de tout ce qui a été vécu par un cinéaste engagé dans un travail réflexif en direction de sa propre culture, prime sur tout programme général.

On le sait, la production cinématographique africaine n'a jamais complètement cessé d'être, selon l'expression d'Ousmane Sembène, un « mégotage ».[35] A travers un dispositif fragile constitué de bouts de rien qui parviennent miraculeusement à faire un film, Cissé doit non seulement justifier d'une position sociale mais essayer d'atteindre ses objectifs artistico-culturels. La volonté du cinéaste d'exercer son métier relève alors d'un double parcours du combattant : d'une part, il faut réunir les moyens matériels, techniques ou financiers nécessaires à la production et à la réalisation d'un film ; d'autre part, ces moyens constituent toujours un luxe exorbitant pour l'opinion commune de pays comme le Mali – comme pour celle des pays occidentaux. Jusqu'à *Yeelen*, Cissé n'a jamais été entièrement satisfait de ses films, et cette frustration était une des conséquences de ce *mégotage*. Par ailleurs, une forme d'accomplissement est rendue complexe par le fait que Souleymane Cissé s'est fixé comme ambition d'atteindre une qualité esthétique digne des autres cinémas du monde, afin que le produit réalisé ne passe pas inaperçu.

C'est que le cinéaste fait de la question de l'esthétique un enjeu qui doit dépasser de telles contingences et con-

35. Guy Hennebelle, « Entretien avec Sembène Ousmane », *L'Afrique littéraire et artistique*, no. 49, 1978, p. 124.

traintes, notamment parce que la "beauté formelle" pourrait, selon lui, résoudre en grande partie le manque de reconnaissance dont souffrent les cinémas africains. Tout en voulant à tout prix relever le défi de la qualité (et de son coût), son intention n'est pas pour autant de rentrer dans un "moule occidental" et de sacrifier une partie de lui-même. Cissé voudrait user de cette "dimension esthétique" non seulement pour attirer le spectateur étranger vers un film africain, mais aussi pour « affronter l'occident sur le terrain de la forme ».[36] Le cinéaste s'expose ainsi à des malentendus tant d'un point de vue occidental que d'un point de vue africain ; la réception d'un film tel que *Yeelen* se partageant entre un discours dithyrambique qui la plupart du temps découvrait son premier film africain, et un discours sceptique qui commence à considérer Cissé comme un cinéaste un peu trop soucieux de reconnaissance occidentale.[37] Ces deux points de vue ne suffisent pas à rendre compte d'une pratique qui, plus fondamentalement, induit une *critique du préjugé anti-esthétique* : Cissé considère que l'art est un moyen pour approcher des problèmes soumis à la polémique ou à des formes d'autocensure (tels que la sorcellerie) ; par ailleurs, il souhaite également, par ce biais, se situer aux antipodes non seulement du cinéma éducatif de la période coloniale mais surtout du didactisme qui reste attaché à beaucoup de films africains, à la suite du réalisme social élaboré au cours des années 60 et 70.

---

36. Manthia Diawara, *op. cit.*, p. 165. (*C'est moi qui traduis.*)
37. D'un point de vue anecdotique, cela a pu s'exprimer sous la forme de l'"afro-mode" au cours des années 80 et au début des années 90.

VI - RECITS DU POUVOIR

Tous les films réalisés par Cissé tournent autour de la *question du pouvoir* : mais le cinéaste entretient un rapport *au* pouvoir, voire élabore un discours *sur* le pouvoir, sans jamais vraiment *le* nommer. (On pourrait d'ailleurs faire remarquer que les études sur les cinémas africains procèdent souvent à l'inverse, en voulant trop croire à une “emprise occidentale” sur les cinémas africains ou en ne s'intéressant pas assez aux récits cinématographiques ainsi proposés.) Le récit élaboré par Cissé à travers *Yeelen* interroge un rapport au pouvoir non pas (seulement) pour l'affronter ou pour le dénoncer mais pour mettre à jour, d'une certaine façon, sa logique ; une mise en récit du pouvoir qui doit d'abord être comprise par rapport aux notions de tradition, de modernité, et de postmodernité. Le film peut, ensuite, être considéré non pas dans le cadre de la recherche d'une pureté originelle – et du positionnement idéologique qui déterminerait une telle esthétique –, mais bien – et un peu par opposition à certains des propos du cinéaste – au sein d'un processus d'hybridation des pratiques cinématographiques africaines, une première étape vers un cinéma (africain) impur.

Tradition, modernité, postmodernité

Dans *Yeelen*, le pouvoir est le plus souvent représenté dans un rapport de forces. Par ailleurs, les conflits qui en découlent ne sont jamais réductibles à une opposition binaire ; leur représentation est nécessairement complexe et susceptible d'évolution. Le film ne peut jamais être rangé de manière absolue du côté d'une "tradition" ou d'une "modernité" – pour ne rien dire encore d'une "postmodernité". Au regard de la filmographie de Cissé, ce rapport au pouvoir se jouerait à travers une *opposition d'ordre historico-idéologique* entre la "modernité" et la "tradition" pour arriver à une situation où ni la "tradition" ni la "modernité" ne constitue un cadre dominant dans lequel on puisse placer *Yeelen*.

« Etre absolument moderne » n'est pas seulement un objectif qu'on se fixe, c'est aussi une exigence qu'on impose à autrui ; la "modernité" s'opposant alors à la "tradition" sous la forme d'une *sommation*. Le cinéma de Cissé montre de multiples exemples d'une telle opposition se transformant en agression. Pour autant, à l'image de Nianankoro faisant face à Soma à la fin de *Yeelen*, Cissé ne choisit pas son camp en fonction d'une relation abstraite entre la "modernité" et la "tradition" mais s'attache à représenter un univers dont les contradictions trouvent souvent leur source dans ceux des pouvoirs chancelants. Le cinéaste confronte la "tradition" et la "modernité" pour autant qu'il considère que cette opposition est d'abord « le fruit de la colonisation ».[1] Il est toutefois nécessaire d'aller au-delà d'un rapport à l'histoire qui risquerait de devenir

1. Souleymane Cissé, in « Bourrasques au Mali », propos recueillis par C. Ruelle, *Magazine Littéraire*, mai 1983, p. 44.

trop abstrait en situant l'opposition entre "tradition" et "modernité" au niveau d'une histoire générationnelle.

L'image d'une confrontation entre des générations pourrait être considérée comme se rapportant à la description d'une Afrique future qui ne serait plus représentée par une classe sociale mais par une classe d'âge mue par un désir de justice et de changement. La scène finale de *Yeelen* a pu ainsi être interprétée comme la métaphore d'un cinéma qui voudrait se libérer des gardiens du temple.[2] S'il convient de distinguer, dans *Finyé*, entre une représentation du "pouvoir traditionaliste" et une représentation du "pouvoir moderniste", on constate, depuis *Yeelen*, l'émergence de personnages relativement abstraits et anhistoriques qui, même quand ils remettent en cause de manière radicale le "pouvoir traditionaliste", restent encore attachés au "monde de la tradition".[3] A travers cette représentation plus complexe, la *"tradition" s'oppose aussi à la "modernité"*. Le paradoxe d'une telle opposition est qu'elle constitue, pour des cinéastes se définissant encore comme des « progressistes », une ultime stratégie de résistance à un pouvoir considéré comme illégitime.

Cissé est le premier à reconnaître que les potentats traditionnels ne laissent aucunes marges de manœuvres entre ce qu'il est possible et ce qu'il est loisible de faire ; il considère que, d'un point de vue interne, les hommes traditionalistes sont conditionnés, et qu'à l'égard des personnes étrangères aux rites et croyances, ils sont sans

---

2. Dudley Andrew, « Falaises sacrées et espaces communs », *Iris*, no. 18, 1995, pp. 113-124.
3. *Waati* montrera, huit ans plus tard, une jeunesse qui n'a parfois plus rien de subversive, à l'image de ces jeunes Rastas amorçant une alliance nouvelle avec un vieux chef bambara.

pitié. *Yeelen*, dont le but, en apparence, serait de “rendre hommage” aux traditions africaines, est en réalité le film le plus *critique de l’aliénation du pouvoir traditionaliste*. Plus précisément, ce n’est pas la “tradition” qui est en cause pour Cissé, mais la “société traditionnelle” et ses représentants. A travers la scène finale de *Yeelen*, on assiste plus directement au jugement de Souleymane Cissé sur les abus du “pouvoir traditionaliste” au cours de l’histoire :

> Soma, tes ancêtres furent des grands prêtres du Komo, mais pendant des siècles, ils ont abusés de mes pouvoirs. Sur mon passage, je ne laissais que ruine et désolation. Ma fidélité aux Diarra a été entière. Aujourd’hui, s’en est fini. Ta folie de vengeance, ton mépris et ta haine des humains dépassent les bornes. J’ai décidé de disparaître. Mais toi, Soma, tu ne survivras pas. Car tu es de ceux qui ne mettent leur pouvoir qu’au service du mal et de l’injustice.

La mort du Dieu traditionnel est déclarée brutalement et, simultanément, un rapport à la croyance perdure. Alors que dans *Finyé* cette croyance revêtait d’abord un sens métaphorique obligeant à se limiter au cadre du récit filmique,[4] dans *Yeelen* un sens historique apparaît – l’histoire des Diarra[5] – qui autorise à relier cette croyance à une réalité sociale ou politique plus générale.

4. Dans *Finyé*, le vieux Kansaye entendait sa propre voix lui dire que la tradition était devenue impuissante : « Je vois deux étoiles filer dans le ciel. Entre ces deux étoiles brille une petite qui vient vers nous. Elle resplendit sur toute la planète. Eh ! Djandjo, le ciel change de couleur, le ciel s’assombrit. Cela signifie que notre science nous fuit. Les forces divines nous ont désertés. Maintenant, œuvre avec ta force et ton savoir. Fais tes offrandes et va-t’en. Désormais, agis selon ta propre initiative. »
5. Germaine Dieterlen rappelle l’importance du nom de famille au sein des « attributs de la personne » (voir *Essai sur la religion bamba-*

Durant les années 80, l'évolution stylistique du cinéma de Cissé reflète l'évolution du rapport au pouvoir des artistes et des intellectuels africains : *Finyé* montre les premiers signes d'une nouvelle référence à la tradition et à la mythologie, mais *Yeelen* est le véritable aboutissement du genre : la "tradition" fournirait ainsi les outils pour une critique de la "modernité" mais, ce faisant, *nous sortons du cadre de la tradition*. Ce contexte africain post-tiers-mondiste, où se mêlent des éléments de la tradition et des éléments de la modernité, est assez proche, on l'a déjà mentionné, de ce contexte post-soviétique dont le cinéma de Tarkovski pouvait être l'une des expressions. Dans les deux cas, les limites de l'opposition entre une "culture traditionnelle" et une certaine "modernité" ont été atteintes. Cissé cite, on l'a dit, Tarkovski. Un rapprochement possible avec l'école soviétique-russe résiderait dans la formation au VGIK ; de nombreux exemples montrent, toutefois, que le temps de la formation a peu à voir avec l'exercice du métier de cinéaste, Tarkovski constitue d'ailleurs un modèle en la matière. Beaucoup d'éléments révèlent une parenté esthétique et historique entre les films de Souleymane Cissé et ceux d'Andreï Tarkovski ; ils ne suffisent pas cependant à établir un lien solide et définitif entre ces deux cinémas et leurs contextes respectifs.

---

ra, Editions de l'Université de Bruxelles, 1988, pp. 96-98.) En résumé, un individu est rattaché à un groupe par son nom de famille et peut changer de nom lorsqu'il change de milieu socioculturel (« Un Dogon devient un Keita lorsqu'il va vivre au Mandé », écrit Germaine Dieterlen, *op. cit.*, p. 96). Le nom de famille se rattache à une devise et à des interdits. Mentionnant précisément le nom de la famille Diarra, Dieterlen rappelle que son « interdit » est « (…) le lion, animal dont elle porte le nom » (Germaine Dieterlen, *op. cit.*, p. 102).

Plus fondamentalement, il s'agit de se situer dans un contexte mondial où des réalisateurs comme Cissé ne se déterminent plus en faveur soit de la "modernité" soit de la "tradition", c'est-à-dire en faveur de cadres considérés comme dominants et exclusifs ; un contexte historique-idéologique au sein duquel non seulement la séparation entre la "modernité" et la "tradition" est moins tranchée, mais aussi où les notions mêmes de "tradition" et de "modernité" ne sont plus déterminantes. Plutôt que de parler d'un "cinéma postmoderne", ce qui serait assez ambigu sur le plan idéologique, *Yeelen* pourrait être situé *au sein d'une postmodernité*,[6] à condition d'assimiler cette "postmodernité" à un contexte historique-idéologique où la "modernité" n'est plus, ou n'est pas encore, le cadre idéologique dominant, et où des "éléments traditionnels" perdurent tout en n'étant plus, ou plus tout à fait, opérationnels. Plus généralement, et à la suite de Jean-François Lyotard, la "postmodernité" peut être définie comme la fin des « grands récits » (au sujet d'une libération, d'une émancipation, d'un progrès universel, etc.) hérités de la Modernité, conduisant à une relativité des discours, à une fragmentation des formes de langage.[7] Il est, d'autre part,

---

6. Je reprends la nuance apportée par Fredric Jameson au sujet du film de Kidlat Tahimik, *The Perfumed Nightmare*, (Philippines, 1977), in *The Geopolitical Aesthetics*, London, BFI, 1996, pp. 186-213. Dans l'esprit de Jameson, cette nuance correspond à la situation générale d'un cinéma du tiers-monde qui doit avant tout être considéré comme un cinéma politique. Plus généralement, sa conception de la « postmodernité » correspond à une extension géopolitique – ou "mondialisation" – du « capitalisme tardif ».

7. Jean-François Lyotard, *La condition post-moderne. Rapport sur le savoir*, Paris, Editions de Minuit, 1979. La différence entre les conceptions de Jameson et Lyotard tient dans le fait que le premier rapporte la "post-modernité", dans la perspective marxiste qui est la sienne, au résultat factuel d'un processus économique à l'échelle

une relation plus spécifiquement africaine à cette "post-modernité", et qui tient dans le lien d'un cinéma comme celui de Cissé avec un pouvoir occidental. Il serait tentant d'opposer l'"Occident" à l'"Afrique", comme on a pu opposer la "modernité" à la "tradition". Depuis que des échanges existent avec des pays occidentaux, l'"Afrique" a largement intériorisé ce "choc des cultures ou civilisations". L'opposition entre l'"Afrique" et l'"Occident" est alors devenue une équation trop simpliste pour comprendre un cinéma africain contemporain : l'"Occident" se trouve aussi en "Afrique", et inversement.

Ainsi, la colonisation et les indépendances sont des causes non pas absentes mais invisibles : elles agissent à l'arrière-plan et le *cinéaste les intègre à son récit de manière discrète*. Dans *Yeelen*, c'est une mise en perspective historique qui permet d'appréhender cela. Elle est repérable dans le discours de Kôkê, le chef de la société du Komo, qui fait par ailleurs brièvement allusion au début de l'esclavage autour du XVIème dans la région du Niger. Le vieux parlait ainsi : « Chantre du Komo ! / Crie à la manière du bouc sacré, à la manière de la hyène divine, qui a

---

mondiale tandis que le second la situe, de manière plus "tragique", sur un plan épistémologique et dans une forme d'échec de la modernité. Bien que ces auteurs aient été généralement identifiés à des "théoriciens de la post-modernité", les deux approches induisent une critique du "post-modernisme". On pourrait plaider en faveur d'une certaine affinité entre *Yeelen* et la perspective lyotardienne. Entre temps, les notions de « post-modernité » et de « post-modernisme » ont été largement débattues et ont pu devenir contestables en devenant un lieu commun des Cultural Studies, en servant de point d'appui aux promoteurs du « relativisme culturel », voire en servant parfois de vecteur à des formes d'irrationalisme. La mauvaise appréciation dont *Yeelen* a été l'objet par une partie de la critique pourrait être envisagée comme résultant du contexte historico-idéologique décrit ici.

aboli l'esclavage sur les deux rives, quand les mères jetaient leurs bébés pour sauver leur vie ». L'Afrique immémoriale, que ce film serait censé décrire (selon une lecture superficielle), révélerait des souvenirs bien douloureux. La mémoire traditionnelle a aussi ses histoires de pouvoirs nègres despotiques, mais dans la bouche d'un chef bambara et dans un film de Cissé cette référence à l'esclavage revêt un sens particulier. Comme la plupart de ses contemporains, il sait la responsabilité africaine dans la pratique de l'esclavage et, au-delà, dans la colonisation. En imaginant avec *Yeelen* un récit tragique précédent la colonisation, et peut-être postérieur à l'esclavage, Cissé dramatiserait encore davantage cette responsabilité, même s'il considère d'abord les populations africaines comme des victimes, par opposition aux colons, aux esclavagistes, et à leurs interlocuteurs africains.

Vers un cinéma (africain) impur

Mais l'invention de Cissé doit aussi être appréhendée, au moins en partie, sur le mode de l'adaptation. Dans un texte célèbre, André Bazin a théorisé le fait que loin d'être incompatible avec ce qu'est le cinéma – tel que décrit à travers un autre texte fondateur[8] –, l'*adaptation de récits littéraires est conforme à la nature même du médium.*[9] Après avoir rappelé l'inévitable influence des arts entre eux et la permanence de l'adaptation dans l'histoire de l'art, Bazin écrit que « le drame de l'adaptation, c'est celui

8. André Bazin (1945), « Ontologie de l'image photographique », in *Qu'est-ce que le cinéma ?*, Paris, Editions du Cerf, 1994, pp. 9-17.
9. André Bazin (1952), « Pour un cinéma impur. Défense de l'adaptation », in *op. cit.*, pp. 81-106.

de la vulgarisation »[10] et qu'il s'agit d'un problème qui ne doit pas être rapporté « au cinéma comme art, mais comme fait sociologique et comme industrie ».[11] Après une ère glorieuse au cours de laquelle le cinéma avait été identifié à son propre progrès (technique, stylistique ou expressif, thématique etc.), le cinéma est aussi devenu une affaire de « rhétoriciens » et finalement de scénaristes. Il faut comprendre, avec Dudley Andrew, que « Pour un cinéma impur » représente le « second Bazin » – le premier étant celui de « Ontologie de l'image photographique » –, un second Bazin qui se soucierait davantage du « *signifié* » du cinéma.[12]

Pour autant, Andrew voudrait parler d'un « *Ontogeny essay* »[13] à propos de « Pour un cinéma impur » pour replacer son approche de l'adaptation dans le même cadre que son « Ontologie de l'image photographique ». Car ce qui se jouera à travers la question de l'adaptation et, sur un plan plus philosophique, dans l'idée d'une « impureté » consubstantielle au cinéma, c'est aussi une *critique d'une certaine conception de l'adaptation cinématographique*, une critique qui est restée implicite chez Bazin et qui est devenue explicite chez des auteurs qui, comme François Truffaut, rejetteront le cinéma de « la qualité française » ou qui, comme Jean-Luc Godard, s'intéresseront à la tension entre "fiction" et "documentaire" à l'œuvre dans un film comme *Moi, un Noir* de Jean Rouch.[14] L'histoire des cinémas africains (francophones) doit aussi être placée

10. André Bazin, in *op. cit.*, p. 92.
11. André Bazin, in *op. cit.*, p. 92.
12. Dudley Andrew, *What Cinema Is! Bazin's Quest and its Charge*, Chichester, Whiley-Blackwell, 2010, p. 111.
13. Dudley Andrew, *idem.*
14. Ce film est sorti en 1958, l'année de la disparition de Bazin.

dans le prolongement de cette histoire de la critique française.

Pour autant, remarquons avec Michel Serceau que, pendant longtemps, la pratique de l'adaptation a été quasiment absente des cinémas africains, bien que de nombreux films fassent référence ou mettent directement en scène la figure du griot et, à travers elle, les “traditions orales”.[15] Il faudra attendre les années 90, avec des films comme *Hyènes* de Djibril Diop-Mambety (1992), *La Revanche de Lucy* de Janusz Mrozowski (1997) ou *La Genèse* de Cheick Oumar Sissoko (1999) pour que des adaptations au sens propre du terme soient réalisées, en ne s'appuyant d'ailleurs pas toujours sur des récits issus des traditions africaines.[16] Michel Serceau, avec d'autres critiques, pouvait alors envisager *Yeelen* comme un cas remarquable, à mi-chemin d'une référence à des mythes ou cosmogonies et d'une forme de magie à laquelle ces mythes ou cosmogonies renverraient. Il correspondrait bien à une forme de « cinéma impur » tout en étant un objet problématique du point de vue des théories de l'adaptation cinématographique.

Ce faisant, on ne peut dire que le film de Cissé « ne renvoie (…) à aucune littérature, qu'elle soit orale écrite »[17] à partir du moment où on considère que le fond symbolique sur lequel il s'appuie est en lui-même inséparable d'une

15. Michel Serceau, « Le cinéma africain aux sources et aux frontières du récit », *CinémAction*, no. 106, 2003, pp. 27-34.
16. Le film de Djibril Diop-Mambety est tiré de *La visite de la vieille dame* de Friedrich Dürrenmatt (1956) et celui de Cheick Oumar Sissoko du texte biblique. Par ailleurs, tout en ayant réalisé cinq films adaptés de nouvelles d'écrivains africains, Janusz Mrozowski est un « réalisateur français d'origine polonaise ».
17. Michel Serceau, *op. cit.*, p. 31.

« littérature orale » et est lié à une « littérature écrite ». Il n'est pas possible de déterminer des « sources » du récit – chercher à le faire induirait une conception quelque peu restrictive de la notion de « récit ». Si les récits cinématographiques africains ont été marqués, jusqu'aux années 80 environ, par la nécessité d'une ré-articulation avec les réalités sociales postcoloniales, les nouvelles élaborations narratives constituées par *Ceddo* de Sembène Ousmane (1976) et *Yeelen* – Serceau parle même de « saut épistémologique » entre les deux films – ne peuvent être comprises que dans le cadre d'un approfondissement symbolique – le développement de nouvelles façons de raconter une histoire au cinéma – inhérent à la *nature holistique de la notion de récit* : celle-ci est difficile à saisir dans son ensemble, constitue un tout qui ne peut être expliqué (de manière complète) par ses différentes composantes prises isolément. Les cinéastes africains comme Cissé se servent de tous les moyens à leur disposition, y compris ceux relevant de l'“adaptation” des littératures orales et écrites.

Dans cette perspective, la question d'une distinction entre un niveau qui relèverait de l'“anthropologique”, un autre de l'“esthétique”, un autre du “politique” etc. ne se pose pas : le récit emprunte nécessairement à ces différents niveaux à la fois ; aucunes “frontières” ne peuvent être dressées entre eux. Du reste, Serceau confirme – très pertinemment mais en contredisant quelque peu son analyse précédente – qu'il vaut mieux utiliser le terme de *réappropriation* d'une trame culturelle non seulement africaine mais occidentale.[18] On reviendrait ainsi à une définition d'un cinéma africain comme un « cinéma métis » sans retourner au schématisme qui découle d'une

18. Michel Serceau, *op. cit.*, pp. 30-31.

conception purement idéologique d'un tel « métissage ».[19] On reviendrait en partie aussi à ce qu'est l'adaptation pour un médium qui, selon Bazin, s'est « approprié » des sujets venus des autres arts « parce qu'il en a besoin et que nous éprouvons le désir de les retrouver à travers lui ».[20] De Bazin aux cinémas africains, il s'agit donc de passer d'une « appropriation » à une « réappropriation ». Ce saut sémantique peut toutefois s'avérer important si on considère que quand Bazin pouvait ainsi fonder les bases d'un « cinéma moderne », cette notion de réappropriation nous ramène bien à celle de « postmodernité » discutée précédemment, c'est-à-dire à l'idée non seulement d'une interchangeabilité des codes et des récits mais aussi à un cinéma faisant référence à sa propre histoire – et de moins en moins au réel.

Au regard de l'histoire des cinémas africains, *Yeelen* constitue un jalon important dans l'évolution *vers un cinéma (africain) impur*, c'est-à-dire vers un cinéma africain où l'adaptation au sens décrit précédemment va jouer un rôle important. Avec ce film, les cinémas africains sont entrés non seulement dans une nouvelle ère mais dans une nouvelle façon de raconter des histoires. Mais *Yeelen* n'est pas *Star Wars* – un exemple de greffe entre cinéma populaire et un fond mythologique protéiforme –, et Cissé n'est pas Godard, dont les films fourmillent de références à l'histoire du cinéma : il convient de prendre en compte une dimension culturelle et politique spécifique faisant que le

19. Certains critiques avaient crû pouvoir distinguer entre un "bon" et un "mauvais" métissage, entre le "métis volontaire" d'un cinéma africain récent considéré comme "le vrai cinéma politique" tant attendu et le "métis malgré-lui" du cinéma des indépendances ou d'une mouvance panafricaine.
20. André Bazin, in *op. cit.*, p. 106.

lien avec le réel africain y reste déterminant. C'est que la notion de réappropriation doit être distinguée d'une définition idéologique du "métissage". Chez Cissé, des formes d'hybridation ou de "métissage culturel" sont nécessairement complexes : d'une part, elles sont inévitables et caractérisent un cinéma africain contemporain ; d'autre part, elles sont induites, on l'a déjà vu, par la relation à une « foire aux cultures » (Mazrui) ou au phénomène de « branchement » des cultures entre elles (Amselle). Ainsi existent-ils des liens ou correspondances, directs ou indirects, entre les films de Cissé et d'autres films du cinéma mondial, et principalement européen. *Baara* peut, par ses thèmes et son style, être relié au cinéma soviétique traditionnel. *Finyé*, en tant que film politique, a pu être situé dans le sillage de *Z* de Costa-Gavras (1969). A propos de *Yeelen*, certains commentateurs ont pu établir des comparaisons avec le genre Western. Par contre, Cissé a pu s'inspirer des astres de Stanley Kubrick dans *2001-Odyssée de l'espace* (1968) : des similitudes peuvent être trouvées entre les paysages désertiques d'une « Aurore de l'humanité » chez Kubrick et les séquences de *Yeelen* préfigurant, cette fois, la « Fin d'une humanité ».

A partir du moment où on admet que son *regard vers le passé se joue au présent*, il devient erroné de considérer *Yeelen* comme une reconstitution nostalgique, voire "révisionniste" : le temps de cette Afrique immémoriale n'est pas seulement celui d'un récit aux allures de conte tragique, il renvoie de manière métaphorique à des problèmes contemporains tels que la transmission de la connaissance et les rapports au pouvoir. Dans leur version africaine, les *Appunti* (ou *Carnet de notes cinématographiques*) de Pier Paolo Pasolini étaient déjà le signe d'un engagement politique "tiers-mondiste" : sur le modèle de l'*Orestie* d'Eschyle, le poète italien élaborait alors une vision tragique des indépendances africaines. On pourrait situer *Yeelen* dans un cadre comparable. L'engagement politique de Cissé n'est toutefois pas celui de Pasolini, même si un intérêt pour la dimension culturelle des problèmes africains perpétue certains éléments importants du rêve révolutionnaire. Dans *Yeelen*, le jazz sophistiqué de Michel Portal a succédé au free jazz agressif de Gato Barbieri des *Carnets de notes pour une Orestie africaine*.[21] Cissé a fait appel à des musiciens – Michel Portal accompagné de Salif Keita – qui, un peu comme lui, sont entre deux univers culturels, la musique classique et le jazz, l'Europe et l'Afrique.

Les notions de « foire aux cultures » ou de « branchement » – on ne peut pas toujours en dire autant de celle de "métissage" – ont l'avantage de ne pas renvoyer à une origine mais à l'ensemble des relations entretenues par le cinéaste avec un environnement culturel. C'est au niveau de cette relation à une origine que se situe, chez Cissé, la *dimension spéculative de son rapport au pouvoir*, en relation avec le caractère "non-nommable" du pouvoir – ce dernier peut être décrit mais il ne peut jamais être objectivement nommé, montré ou dénoncé puisqu'il conditionne, d'une certaine façon, l'acte même de nommer, montrer ou dénoncer. Dans le cadre d'un rapport au pouvoir, nommer un objet revient toujours peu ou prou à se nommer soi-même. Cissé est à la fois engagé dans la

---

21. Le musicien et chanteur malien Salif Keita collabore à la réalisation de cette musique. Souvenons-nous aussi de son apparition dans *Baara*, c'est-à-dire avant qu'il ne devienne une « étoile » de la musique africaine contemporaine. En 1995, Michel Portal a réalisé aux éditions musicales du Label Bleu une version « déjouée avec des amis jazzmen » de la B.O. de *Yeelen*. C'est, à ce jour, la seule version de cette bande sonore qui a été publiée.

critique d'un "pouvoir dominant" et la reconquête d'une "identité minoritaire" : tout en revendiquant un héritage culturel dominant, ce cinéma appartient à une minorité dans une nation ; et tout en se servant du cinéma comme d'un moyen efficace pour franchir les frontières, il se méfie d'une image principalement produite par des pays colonialistes dans un passé récent.

Ces questions d'"hybridation" ou de "métissage" culturels sont réapparues sous la forme d'une polémique entourant le *doublage en Français* de *Yeelen* : certains cinéastes africains ont alors accusé Cissé d'être « sous influence » quand le cinéaste a convoqué des acteurs africains qu'il n'a finalement pas retenus, leur préférant des voix françaises.[22] Une pétition a même été émise par des professionnels qui reprochaient à Cissé de mépriser les Africains – une accusation grave au regard du film concerné. Le mérite de cette controverse est de rappeler la nature ambiguë de la notion d'"africanité". Il s'est bien entendu trouvé des personnes pour défendre le choix de Souleymane Cissé de ne pas prendre des voix africaines afin d'obtenir une plus grande homogénéité dans les accents.[23] Leur dernier argument réside toujours dans le respect du choix du cinéaste qui a le droit de faire ce qu'il veut avec son film. Même en supposant que ce choix soit le résultat d'une pression française, ce pouvoir-là est toujours secondaire par rapport à une opinion commune qui porte politiquement un cinéma africain. En ce sens, l'"africanité" d'un film renvoie moins à un discours essentialiste qu'à la question du pouvoir ; chez Cissé, un tel discours essentia-

22. Désiré Ecaré, « Question d'accent », propos recueillis par M.A. Maïga, *Africa international*, no. 231, octobre 1990, pp. 64-65.
23. Notamment Gaston Kaboré, Souleymane Koly, et Roger Gnoan Mbala.

liste correspond à une spéculation qui n'engage que lui et qui provient d'abord de sa réflexion sur les enjeux culturels du cinéma en Afrique.

VII - LA VERITE FAITE VIOLENCE

Les récits du pouvoir – les conflits qui y sont décrits – échouent à rendre compte de manière directe de la réalité de ce pouvoir. Ce n'était pas, on l'a vu, l'objectif visé par Cissé. Mais des "traces" de ce pouvoir ne sont pas pour autant absentes, et Souleymane Cissé ne s'est jamais privé d'en nommer une particulièrement pénible : « Le cinéma que je fais, il est né dans la violence. Que ce soit la violence corporelle ou économique, mais ce cinéma il est né dans la violence. Et je tiens à le dire, je continue d'ailleurs à souffrir de cette violence, elle pèse lourd. »[1] La *question de la violence* est à la fois commune à tous les cinémas du « tiers-monde » et spécifique à chacun d'entre eux, car il ne s'agit pas partout de la même violence, ou, plus exactement, il ne s'agit pas de la même *expression de douleur*. S'agissant d'une problématique récurrente dans les études sur les cinémas africains – ou, plus généralement, non-occidentaux –, il convient de préciser ici comment l'approcher.

---

1. Souleymane Cissé in, Rithy Panh, *Souleymane Cissé*, documentaire, 52 minutes, Cambodge / France, 1991.

Parce qu'elles pensent comprendre cette expression de la douleur, certaines approches des cinémas africains ou du « tiers-monde » ont tenté de développer plus avant les implications théoriques de ce rapport particulier à la violence. La plus ambitieuse d'entre elles est celle du *Third Cinema.*[2] Cette théorie a pris racines dans la pratique des cinéastes latino-américains des années 70, et a ensuite été réactivée par divers auteurs de langue anglaise durant les années 80 et 90. Ce qui autoriserait ici la généralisation, c'est le lien avec un discours historique et politique. Chez Teshome H. Gabriel, elle s'inspire de la théorie politique de Frantz Fanon. Il convient cependant de se prémunir, d'ores et déjà, d'une tendance du Third Cinema à assimiler un film comme *Yeelen* à une pratique qui n'aurait pas encore atteint une véritable « libération ». L'intérêt porté par le cinéaste malien aux cultures autochtones correspondrait à une deuxième phase de développement – ou « phase indigéniste » – ainsi décrite par Gabriel : « [Un cinéma qui aurait] entamé un processus de décolonisation, mais sans aller jusqu'au bout, sans opposer de réelle alternative au langage du premier cinéma auquel les spectateurs sont habitués. »[3] D'une manière générale, la littérature sur les cinémas africains qui continuera d'utiliser, à la

---

2. Ce n'est pas le lieu de rendre compte de cette théorie, n'ayant pas pour projet de l'appliquer à *Yeelen*. On pourra consulter la synthèse de Michael Chanan, « Le troisième cinéma de Solanas et Getino », *CinémAction*, no. 60, 1991, pp. 215-222. Considérant que l'idée d'un « Troisième cinéma » a davantage été “validée” et utilisée dans la littérature anglophone et nord-américaine, je parlerai, dans ce qui suit, de « Third Cinema ».

3. Michael Chanan, *op.cit.*, p. 222.

suite de Gabriel, le concept de « Third Cinema », se situera dans une perspective théorique-idéologique similaire.[4]

On retrouve une même volonté de généralisation dans le cadre de système théorique moins “finaliste” : Gilles Deleuze développe ainsi une *théorie du « cinéma de minorités »* en y incluant les pratiques de Sembène et certains films de Rouch.[5] Cette approche a l'avantage de rapprocher la théorie du sol africain, même s'il convient d'en percevoir les limites. Deleuze veut également montrer qu'il y a une vie en dehors des normes occidentales mais, pour ce faire, se situe dans une perspective différente de celle proposée par la théorie du Third Cinema : dans la mesure où la critique sociale qu'elle veut promouvoir préexiste à ce qui est effectivement critiqué, cette dernière perspective théorique tendrait, en effet, à se situer sur un plan indépendant de l'expérience concrète qui peut être faite des films. Selon Deleuze, au contraire, le cinéaste doit réinvestir une réalité politique et sociale qui est moins “reproduite” ou “représentée” dans un film, que directement “produite” ou “présente” à travers des « actes de paroles » ou des « actes de paroles ». De cette manière, la question de la violence peut être soumise à la pensée du spectateur au-delà du contexte particulier dont elle est issue.

---

4. Gabriel a apporté, après coup, des nuances à ce schématisme, en précisant la relation qu'entretiendrait le Third Cinema avec les cultures populaires. Voir Testhome H. Gabriel, « Third Cinema as Guardian of Popular Memory : Towards a Third Aesthetics », in *Questions of Third Cinema*, J. Pines et P. Willemen (dir.), London, BFI, 1994, pp. 53-64. Ce point sera repris par une large partie des Cultural Studies et, plus généralement, par une critique idéologique anglophone traitant des cinémas non-occidentaux.
5. Gilles Deleuze, *L'image-temps*, Paris, Editions de Minuit, 1985, pp. 281-291.

Des films à la théorie, on est passé d'un "rapport à la violence" à un "discours sur la violence". A propos de *L'heure des brasiers* (1968), un film fondateur du Third Cinema, Fernando Solanas et Octavio Getino déclaraient qu'il s'agissait de favoriser un dialogue avec le spectateur au travers d'un dispositif filmique à mi-chemin de l'agit-prop, du documentaire, et d'une fiction mettant souvent en avant un point de vue subjectif.[6] Au-delà d'un air de famille politique, la différence qui existe entre ces conceptions révèle l'intérêt que l'on doit porter à l'approche plus ouverte de Deleuze, même si on verra qu'elle doit elle aussi être révisée ou complétée. Afin de retrouver cette violence dont parle avec insistance Cissé, il s'agirait alors de procéder à un cheminement inverse, d'une "relation au discours sur la violence" à une "relation à la violence". Ce qui nous conduira, tout d'abord, à considérer une expression de la violence consistant à dire le mal. On constate, ensuite, qu'une des stratégies de Cissé est de contourner une violence en ritualisant le filmage, c'est-à-dire, en réalisant un certain nombre de séquences-clés qui vont, d'une certaine façon, imiter les rituels traditionnels. La vérité (politique ou historique) attachée traditionnellement au discours sur la violence et au nom de laquelle il s'agissait de critiquer une politique donnée, peut ainsi se confondre avec la question de la violence elle-même : cette *vérité faite violence* est, dans *Yeelen*, ce qui empêche que la violence soit l'objet d'un "discours direct".

6. Fernando Solanas et Octavio Getino, *Cine : Cultura y Descolonizacion*, Buenos Aires, Siglo XXI Argentino Editores, 1973, p. 10. Dans les pages de *L'image-temps* qui concernent notre problème, Glàuber Rocha est le seul cinéaste sud-américain auquel Gilles Deleuze fait référence ; Rocha est lié à la mouvance du Cinema Novo plutôt qu'à celle du Terce Cinema.

Dire le mal

A la suite de Daney et de Deleuze, beaucoup de commentateurs ont insisté sur le rôle central de la parole dans les cinémas africains ; celle-ci était alors rapportée au didactisme propre à une partie de cette production. Cependant, même en dehors d'une approche trop marquée par ce didactisme, la parole est toujours présente afin de mettre en scène de manière efficace et pertinente “l'idée du mal”, comme le montre plus particulièrement *Yeelen*. Il convient pourtant de revenir, brièvement, sur l'évolution de cet intérêt pour la “parole” au cours de l'histoire des discours formulés en direction des cinémas africains. Tout commence, comme souvent, par une approche critique, celle de Serge Daney et de son article sur *Ceddo* d'Ousmane Sembène.[7] De manière très remarquable, Deleuze cite ce texte de Daney dans *L'image-temps*[8] en l'articulant avec des éléments théoriques issus de sa philosophie. Malgré ce lien, les points de vue de Gilles Deleuze et de Serge Daney ne coïncident pas complètement. Daney va appréhender le cinéma de Cissé, en général, et *Yeelen*, en particulier, sur une tout autre base que celle de Sembène, alors que Deleuze se réfère à ce dernier et à Jean Rouch. C'est que la question de la parole dans les cinémas africains recouvre d'abord une signification culturelle incontournable liée à la question de l'oralité ; la notion d'« actes de parole » n'arrive que dans un second temps. Et il faut atteindre un

---

7. Serge Daney, *La rampe*, Paris, Cahiers du Cinéma/Gallimard, 1996, pp. 137-143.
8. Gilles Deleuze note, entre parenthèses, à propos de l'article de Daney : « (surtout le personnage du fabulateur) », in *op. cit.*, note no. 47, p. 289.

certain "au-delà de la parole" pour se rendre compte que l'accent mis sur le statut culturel de l'oralité ou sur la performativité des actes de langage peut faire oublier la fonction qui était initialement attribuée à la parole : *dire le mal*. Dans *Yeelen*, cette "didactique du malheur" peut passer par la parole mais pas nécessairement ; on constate même qu'elle passe de moins en moins par la parole car la vérité, selon le cinéaste malien, doit d'abord être inscrite dans l'image.

Concernant cette signification culturelle, on pourrait considérer plus spécifiquement deux aspects : la figure du griot et la pratique de la palabre. Chez Cissé, la référence au modèle du griot doit d'abord être située sur un plan métaphorique. Pierre Haffner parle même d'une « différence ontologique » entre le griot et le cinéaste africain, dans la mesure où quand le premier « propose », le second « pose » ; quand le griot est anonyme, le cinéaste veut se faire un nom.[9]. La relation privilégiée qu'entretient un cinéma africain avec la parole peut aussi être attachée à la tradition de la palabre. Qu'est-ce que la "palabre" ? Une sorte de forum ou de réunion des hommes et des femmes afin de résoudre les conflits ou les tensions par la discussion ouverte et franche. Tous les films africains, en y incluant bien entendu ceux de Souleymane Cissé, pour-

9. Pierre Haffner, « Une socio-esthétique du cinéma africain », in *Regards sur le cinéma africain*, Bruxelles, OCIC, 1987, p. 65. Cissé n'a jamais caché sa volonté de faire date. D'autre part, quand des interlocuteurs tentent d'établir un parallèle entre sa pratique et celle du griot, il est remarquable que Cissé n'utilise pas ces occasions pour asseoir sa propre réflexion sur les cultures africaines ; le cinéaste fait plutôt référence au « problème perpétuel de la langue dans cette Afrique exposée à la modernisation de la colonisation. » in « Entretiens avec Souleymane Cissé », propos recueillis par Gaillac-Morgue, *Le Film africain*, 21 avril 1995, p. 3.

raient ainsi être considérés comme de « moderne arbre à palabres ».[10] Cette analogie doit pourtant, elle aussi, être manipulée avec précaution même si elle est séduisante : elle accorde à la parole, la sienne ou celle des autres, une valeur de loi, de contrat social, voire d'argument ou de justification. Du point de vue d'une approche contextualiste, la référence à la palabre n'est plus aussi évidente : en effet, la société de l'arbre à palabre n'est plus exactement celle du cinéaste africain. L'urbanité du cinéma rompt avec le terrain social de la palabre : le village. Pour autant, la parole à l'œuvre dans le cinéma africain s'appuie encore sur un contenu socioculturel et revêt, le plus souvent, un *rôle cathartique*. C'est essentiellement ce rôle qu'ont su identifier les analyses de Serge Daney et de Gilles Deleuze à travers, respectivement, le personnage du « fabulateur » et les « actes de paroles » (ou les « paroles en actes »). Mais ces auteurs ont développé cette problématique de la parole sans la resituer véritablement dans son contexte ou par rapport à une pratique ; il n'est pas certain que ces approches soient complètement lucides quant aux déterminismes idéologiques (liés à un contexte socioculturel) et à l'indétermination historique (liée à une pratique individuelle) qui conditionnent l'émergence de la parole dans un film comme *Yeelen*.

A travers l'opposition entre un « Ceddo-parole » et un « Ceddo-musique », l'interprétation de Daney se joue en deux temps.[11] Avec le « Ceddo-parole », il pose le constat suivant lequel le cinéma africain, n'est pas, comme le voudraient un préjugé (occidental), un cinéma de la danse

10. Pierre Haffner, in *op. cit.*, p. 62.
11. Serge Daney, *La rampe*, Paris, Cahiers du Cinéma / Gallimard, 1996, pp. 137-143.

mais de la parole. Une parole qui a généralement été l'objet d'une réappropriation et qui se rapporte à une liberté qu'il s'agit de défendre. Dans un premier temps, ce droit de parler s'oppose, durant la colonisation, au devoir de se taire et, durant les indépendances, à la difficulté de parler face à une majorité. Daney accorde ensuite à la parole africaine une « valeur d'écrit ». Celle-ci se jouant à travers la dimension phatique du langage, des gestes qui ont une valeur performative, et le personnage du fabulateur.[12] L'idée que, dans les cinémas africains, la parole déborde du seul cadre de l'oralité commence à émerger. Elle sera développée plus complètement par l'approche de Gilles Deleuze. Le « Ceddo-musique », c'est le cinéma allégorique de cette Afrique que l'on a dépossédé d'un droit à la parole – à mesure que l'on reconnaissait son avatar musical (negro-spirituals, balafon, ou unissons évoquant le free jazz), sans pour autant que cette musique-là soit mise en relation avec cette parole-ci. L'interprétation de Serge Daney ne fonctionne que si, comme lui, on se concentre sur la "référence à l'histoire" que fait Sembène et à la "relation entre histoire et la parole" : cette référence à l'histoire et cette relation ne permettent pas de qualifier, à elle seule, la fonction de la parole dans un cinéma africain. Il est à cet égard remarquable qu'au sujet de *Yeelen*, qui peut en partie être situé dans le sillage de *Ceddo*, Daney aboutisse à une conclusion inverse.[13] Le critique ne parvient pas à mener la problématique d'une fabulation jusqu'au bout ; il ne dispose pas d'une théorie qui lui permettrait de rendre compte d'une *« parole » irréductible à un « logos »*[14],

---

12. Serge Daney, *op. cit.*, p. 140.

13. Serge Daney, « Cissé très bien, qu'on se le dise », *Libération*, 9-10 mai 1987.

14. Au sens de Lacan, dont la conception semble être l'arrière-plan

c'est-à-dire à une raison qui dominerait le film non seulement en tant que récit, mais aussi en tant que production d'un récit.

C'est ce que tente d'établir Gilles Deleuze en considérant qu'à travers la parole, les cinémas africains doivent nécessairement sortir des cadres de la « fiction » et de l'« ethnologie », et soient aussi une « critique de la mythologie » ; ce en quoi ils appartiennent à la famille des « cinémas de minorités » (avec Glàuber Rocha, Pierre Perrault etc.) Il faut toutefois interpréter son analyse au-delà de ses propos sur *Ceddo* – ce dernier film ne constitue qu'une des expressions des cinémas africains – car le discours de Deleuze est une sorte de synthèse de deux traditions. Un premier niveau provient d'une "tradition phénoménologique" : une parole y est définie à la lumière d'une action et inversement, de telle sorte qu'il est difficile de traiter d'un de ces problèmes sans considérer aussitôt l'autre.[15] Deleuze fait sienne la thématique de fabulation repérée par Daney ; il l'amène vers d'autres dimensions en la définissant de la manière suivante : « En règle générale, le cinéma du tiers-monde à cet objet : par la transe ou la crise,

des approches de Daney et Deleuze. Lacan avait co-traduit en 1956 un article d'Heidegger intitulé « Logos » (un commentaire controversé d'Héraclite) en en transformant probablement le sens. Le « logos » est devenu le « signifiant » et l'un des fondements de sa conception d'une « vérité [qui] parle ». Jacques Lacan, *Ecrits*, Paris, Editions du Seuil, 1966, p. 409, dans la partie intitulée « la chose parle d'elle-même » du chapitre sur « La chose freudienne » (pp. 401-436).

15. Citons, par exemple, un texte de Paul Ricœur intitulé « Travail et parole » (in *Histoire et vérité*, Paris, Editions du Seuil, 1955, pp. 238-263). D'une manière générale, Ricœur a développé cette question dans les trois tomes de *Temps et récit*, Paris, Editions du Seuil, 1983-1985, ainsi que dans *Du texte à l'action. Essais d'herméneutique II*, Paris, Editions du Seuil, 1986.

constituer un agencement qui réunissent les parties réelles, pour leur faire produire des énoncés collectifs comme la préfiguration du peuple qui manque (et, comme dit Klee, « nous ne pouvons pas faire plus »).[16] Reprenant une articulation développée dans sa propre recherche philosophique – notamment sous le thème du « peuple qui manque »[17] –, Deleuze inscrit la parole et le récit dans un processus qui ne peut pas être limité au “verbe” mais à une *médiation entre les acteurs de cette parole et de ce récit*. Dans cette perspective, un « acte de parole » ou une « parole en acte » survient dès l'instant où cette médiation, qui se joue dans ce que Deleuze appelle un « agencement », produit des significations représentatives des personnes à l'origine de cette action.

L'autre tradition perceptible dans le discours de Deleuze, c'est le marxisme, et plus exactement la philosophie marxiste du langage. Il s'agirait même d'une première influence puisque l'usage de l'expression d'« acte de parole » s'y rapporterait directement, notamment dans le cadre de la critique épistémologique de la linguistique par le couple Deleuze-Guattari et, plus tard, de la critique de la sémiologie du cinéma par Deleuze seul. L'approche marxiste critique à la fois les approches “subjectivistes” du langage – le langage comme mode individuel d'expression et de créativité –, et les conceptions “objectivistes” – le langage comme norme –, en développant l'idée d'un *sens avant tout social (ou « collectif ») des pratiques linguistiques*. La critique des présupposés idéologiques de la linguistique par Deleuze et Guattari s'appuyait sur le

16. Gilles Deleuze, *op. cit.*, p. 291.
17. Voir Gilles Deleuze et Félix Guattari, *Mille plateaux*, Paris, Editions de Minuit, 1980, pp. 381-433.

principe de Bakhtine selon lequel « la psychologie du corps social, c'est justement d'abord le milieu ambiant des actes de paroles de toutes sortes (...) ».[18] L'usage que fait Gilles Deleuze des notions d'« actes de parole » et de « paroles en acte » au sujet des cinémas africains (mais aussi du cinéma en général) provient de Bakhtine : on pourrait même penser qu'il a lu le second titre de l'article de Daney sur *Ceddo* – « qu'est-ce qu'ils disaient ? » – comme une paraphrase de ce qu'écrivait Mikhail Bakhtine sur la manière de reconnaître un acte de parole remarquable, le « discours d'autrui ».[19]

Le problème reste toutefois celui du passage de cet « agencement » à la production de ces significations politiques, c'est-à-dire de dire comment on passe du “récit” à l'“action“. Même si Deleuze s'en préserve, il est nécessaire, pour mieux la comprendre, de considérer ce qu'il appelle une « fabulation » comme une *parole métaphorique* : à travers un transfert symbolique permanent entre le “monde du film” et le “monde réel”, elle peut ainsi prendre la forme d'un « acte de parole » avant tout incarné par une voix (d'un personnage, d'un narrateur), ou d'une « parole en acte » débouchant essentiellement sur une action. On constate alors que cette voix et cette action ne conduisent pas à la même efficacité sur le plan à la fois symbolique et politique qui intéresse Deleuze. Les relations à l'histoire et à la parole qui caractérise *Ceddo* selon

18. Mikhail Bakhtine (1929), *Le marxisme et la philosophie du langage*, Paris, Editions de Minuit, 1977, p. 38.

19. « Si l'on reste dans les limites de la représentation thématique du discours rapporté, on peut répondre aux questions « *Comment* » et « *De quoi* parlait Untel ? », mais « *Que* disait-il », on ne peut le découvrir qu'au moyen de la transmission de ses paroles, au besoin sous la forme du discours indirect. » Mikhail Bakhtine, *op. cit.*, p. 161.

Daney, ont d'abord comme finalité la production d'« énoncé collectif » dans le texte de Deleuze. A l'inverse, l'usage de la transe exemplifié par *Les Maîtres fous*, ou l'identification à un personnage africain dans *Moi, un Noir* de Jean Rouch conduirait à l'élaboration d'un « acte de parole ».[20] Il ressort de ces différences que, dans les cinémas africains de la période postérieure à *Yeelen*, c'est moins la parole qui intéresse le philosophe qu'une virtualité attachée à cette parole – la parole comme reflet possible d'une communauté à travers la fabulation –, c'est moins les possibilités symboliques d'un film africain que ses potentialités politiques.

L'image et le rite

Toutefois, il convient de décrire avec Deleuze ces potentialités politiques, même si c'est parfois courir le risque de demander à ce cinéma, ou à attendre de lui, plus qu'il ne peut dire et faire. D'autre part, il serait naïf de négliger la version non-cinématographique mais bien politique d'une « fabulation » : je veux faire référence ici aux pratiques de certains gouvernants africains et leurs interlocuteurs occidentaux ou, plus généralement, chez les partisans des beaux discours inutiles (et, généralement, mensongers).

20. Gilles Deleuze, *op.cit.*, pp. 290-291. Indépendamment du fait que, pour les cinéastes africains, *Les Maîtres fous* est tout sauf une "parole africaine", notamment à cause de la finalité ethnographique de cette œuvre et de l'importance du contenu descriptif de la bande sonore. Concernant *Moi, un noir*, il convient de rappeler qu'Oumarou Ganda, qui non seulement interprète le personnage Edward G. Robinson mais participe pleinement à la réalisation, a déclaré ne pas se retrouver entièrement dans ce film. Voir Pierre Haffner, « Les avis de cinq cinéastes d'Afrique noire », *CinémAction*, no. 81, 1996, pp. 97-99.

Voila d'éminents spécialistes, non pas d'une parole africaine qu'ils représenteraient, mais d'une "langue de bois" qui répond à sa manière à la définition de la fabulation selon Deleuze… Cette façon provocante de présenter les choses sert surtout à rappeler que le cinéma de Cissé est le contemporain à la fois d'une "parole libérée" – qu'une majorité de discours sur les cinémas africains rapporte au contexte historique depuis la décolonisation et les indépendances – et d'une "logorrhée" propre à une époque où surgissent simultanément l'échec des politiques de développement et le mensonge économique qui lui est associé. Dans une telle époque, le chemin vers une "libération" n'est plus aussi clair. Face aux régressions sociales que doivent surmonter nombre de pays d'Afrique subsaharienne, le *silence* est aussi devenu un mode politique d'action. Au-delà d'une allégorie de l'impuissance, il n'est pas interdit d'interpréter, par exemple, le mutisme de Ténin dans *Den Muso* comme une façon de montrer que la parole ne suffit plus pour dire le mal.

Au sein de l'ensemble de la production africaine, c'est probablement dans les films de Cissé qu'on trouve l'expression la plus admirable de ce silence. Là encore, *Yeelen* est un film paradigmatique. Daney propose une perspective possible en montrant que, chez le cinéaste malien, la parole est secondaire par rapport à l'image ; un rapport à la violence ne passe plus prioritairement par les mots. Serge Daney est d'autant plus à même de percevoir cela qu'il avait été l'un de premier à définir les cinémas africains comme un cinéma de la parole, de la performance verbale. A l'occasion de *Yeelen*, il rappelle que « Cissé était la seule exception à la règle ».[21] D'ailleurs,

21. Serge Daney, « Cissé très bien, qu'on se le dise », *Libération*, 9-10

Cissé eu souvent l'occasion de dire que, pour lui, l'*image passe avant la parole*. Qu'il reprenne à son compte l'analyse de Serge Daney ou que cette analyse coïncide avec une réflexion du cinéaste sur sa propre pratique, cela importe peu... La primauté de l'image et le caractère secondaire de la parole procède plus généralement de la convergence d'au moins trois facteurs plus ou moins complémentaires : l'intérêt de Cissé pour le développement d'une maîtrise technique ; la nécessité de dire le mal au-delà des clivages linguistiques et dialectaux ; le fait que la parole ne puisse plus, à elle seule, représenter un mal devenu complexe, c'est-à-dire qui ne peut être réduit aux conflits habituels, comme par exemple l'opposition entre la tradition et la modernité, ou entre l'Afrique et l'Occident décrite dans le chapitre précédent.

Revenons ici sur la scène si déterminante du *duel entre Nianankoro et Soma* à la fin de *Yeelen*, alors que le fils s'en tient à l'exposition de sa requête et ne répond pas aux attaques du vieux féticheur. Dans son ensemble, cette séquence nous ramènerait à la définition de Deleuze d'un « cinéma de minorités » filmant un acte de la parole ou une parole en acte. Ce qui signifierait que des spectateurs (africains ou non) pourraient déléguer auprès de Nianankoro toute une affectivité ayant pour origine une expérience de la violence. Parce que cet “affect” est impossible à quantifier, le problème posé par ce cinéma d'acte de parole devient complexe. Il ne s'agit pas seulement de montrer que la tradition et l'anti-traditionalisme ne peuvent s'entendre, ou simplement exposer un problème, mais que cette opposition ne débouche sur aucun acte de parole politiquement déterminé. D'autre part, il y a un décalage

mai 1987, p. 25.

entre l'expression de maîtrise de soi évoquée par le visage de Nianankoro et la stupéfaction de Soma. Dès lors que cette rupture est entamée, on est amené à constater ce qui change et ce qui ne change pas dans l'image : ce qui ne change pas, c'est le personnage de Nianankoro dont Cissé répète la figure ; ce qui change, c'est le regard sur de Soma. Autant d'éléments qui proviennent d'abord de l'image. Dans son ensemble, le cinéaste propose avec *Yeelen* une alternative à l'approche des rituels par le cinéma ethnographique – au-delà de son opposition à ce dernier. Il ne souhaite pas non plus banaliser ces rituels en les intégrant à une fiction classique. Cette exigence trouve sa source à la fois dans le rapport à la violence qui, d'un point de vue anthropologique, fonde les pratiques rituelles, ainsi que dans les restrictions que le cinéaste oppose à l'émergence d'une parole (en acte ou comme acte). Dans la scène de duel final entre Nianankoro et Soma, Cissé invente une image qui récuse la dichotomie entre l'extériorité d'un regard descriptif et le caractère systémique d'une représentation fictionnelle.[22]

Dans un premier temps, tout se passe comme si le lien métaphysique entre l'homme et le cosmos, en demeurant muré dans son invisibilité, se faisait le signe de l'écart entre une littéralité descriptive (ou ethnographique) et la représentation traditionnelle du cinéma de fiction. Dans un deuxième temps, le cinéaste semble atténuer cet écart en le décrivant de manière métaphorique. Cependant, le cinéaste détermine finalement son filmage par analogie au rituel

---

22. Au point de constituer un genre cinématographique surnommé le « film-baobab » par Dudley Andrew, in « The Roots of the Nomadic: Gilles Deleuze and the Cinema of West Africa », *The Brain is the Screen. Gilles Deleuze and the Philosophy of Cinema*, G. Flaxman (dir.), Minneapolis, University of Minnesota Press, 2000, pp. 215-249.

traditionnel. L'invisibilité métaphorique peut aussi être reliée à l'absence de sacrifice auquel devrait être normalement promis les animaux qui apparaissent dans les scènes finales. Par ailleurs, les règles et les personnes qui signalisent le rituel sacrificiel sont également absentes. Cissé ne croit plus aux sacrifices mais aux images qui les ont accompagnés.[23] Tout se passe et rien n'arrive : tout se passe, si on considère l'élaboration d'une « image mentale » ; rien n'arrive, si nous recherchons en vain une « image gérant des liens de fait ». Il faut aussi admettre que cette image mentale puisse recouvrir des significations mythologiques. Ce dernier point oblige à démystifier la notion d'"image mentale", en en faisant une des modalités de l'activité symbolisante, c'est-à-dire en la situant dans un cadre différent de celui théorisé par Deleuze : le "symbole" englobe nécessairement l'"image mentale".[24] Il existe un lien entre le cinéma de Souleymane Cissé et les grandes mythologies du Mali et d'Afrique de l'Ouest, et ce lien ne conduit pas pour autant à un enfermement ; Cissé l'utilise afin de rendre compte d'une pensée africaine contemporaine dans toute sa complexité. Le personnage de

---

23. A l'époque de *Finyé*, le film précédent mettant en scène des scènes comparables à celles de *Yeelen*, Cissé déclarait que son intention était d'aller chercher l'émotion du spectateur qui connaît ces rites et de la détourner vers d'autres significations : « [Le bélier] est là pour l'espoir qu'il donne. Dans les sacrifices, et au cinéma, d'ordinaire, on l'égorge et on fait circuler le sang. Je n'ai pas voulu. Le mouvement du bélier est tellement porteur de messages qu'il ne faut pas le couper par un sanglot. », Souleymane Cissé, in « La conscience et l'espoir », propos recueillis par H. Guibert, *Le Monde*, 21 avril 1983, p. 15.

24. Deleuze fait de l'image mentale quelque chose englobant le symbole et les autres signes de la relation (les « marques », les « opsignes », et les « sonsignes »). Voir la définition que donne Gilles Deleuze de l'*image-mentale* dans le glossaire qui conclut *L'image-mouvement*, Paris, Editions de Minuit, 1983, p. 292.

Nianankoro incarnant par excellence cette complexité. Il pourrait être tentant d'en faire une figure politique qui viendrait pallier au « peuple qui manque ». Néanmoins, la relation entretenue par ce personnage avec la mythologie rend délicate une application complète du schéma deleuzien. Doit-on le considérer pour autant comme un simple rôle culturel ? Cet extrait n'a jamais été limité à une telle extériorité. Au lieu de tout cela, Cissé propose « l'image sensible d'une image mentale », en ne renvoyant ni au cadre d'une fiction traditionnelle sur laquelle seraient simplement greffés quelques signes mythologiques, ni à celui d'une scientificité ethnographique, *mais au rituel lui-même*. Cette forme de contournement de la violence constitue une image originale qui illustre parfaitement le style cinématographique de Cissé. Elle confirme aussi l'intérêt du cinéaste pour les signes d'un sacré africain et révèle son aptitude (ou sa préférence) pour le détournement sans la trahison.[25] Il est néanmoins symptomatique que cette dernière interprétation n'aborde pas directement la relation qui existe entre les rites et la violence.

La difficulté de mettre en perspective, dans l'histoire ou par rapport à des enjeux politiques, la représentation de la violence dans *Yeelen* contribue aux *malentendus* qui caractérisent une partie de la réception critique de ce film. Répétons-le : le cinéaste ne cherche pas à réhabiliter des croyances ou des modes de vie d'une Afrique par ailleurs dans la tourmente de l'histoire. C'est que cette représentation a toujours été le résultat d'une forme de distanciation, même si elle n'a jamais recherché les justifications de

25. Philip Gentile a pu par exemple analyser la séquence de *Yeelen* où Soma s'entretient avec les autres membres de la société du Komo dans cette même perspective d'un filmage ritualisé. Philip Gentile, « In the Midst of Secrets », *Iris*, no. 18, 1995, pp. 125-135.

discours théoriques. Un écart est en permanence perceptible entre un contenu anthropologique spécifique aux contextes socioculturels africains et le sens politique qui motive Cissé en tant que cinéaste africain. Par "tradition", en particulier dans de tels contextes, la parole est ce qui peut permettre de dire le mal ; les cinémas africains « déterritorialisent » cette même parole, la mettent à distance, la mettent « en intrigue » ou la transforment pour finalement l'amener davantage sur un "plan politique". La violence qui sourd malgré tout de l'écart entre, d'un côté, un niveau culturel ou historique et, d'un autre côté, un niveau qui revêt un sens plus politique, va être "exprimée" en dehors de l'acte de parole – engageant, par ailleurs, un rapport à l'inconscient. Le principe d'une superposition d'un contenu culturel et d'un contenu politique apparaît également.

Au-delà d'un pari qu'on peut faire avec Deleuze sur le sens politique produit par la « parole », la ritualisation du filmage élaborée par Cissé est un moyen concret de ramener le problème de la violence sur un plan anthropologique plus général. Mais de la même façon que le discours sur un « cinéma de minorité » peut aboutir chez Deleuze à un discours sur le « peuple qui manque »,[26] de même Souleymane Cissé ne peut pas toujours éviter que soit sous-estimée l'authenticité de ce rapport à la violence qu'il va ainsi mettre en image et en intrigue. Ouvrant sur une perspective qui a pu être interprétée comme étant universelle – à partir de "modèles" provenant aussi bien des grandes tragédies que de la psychanalyse, en passant par la

26. Au terme de son analyse des rapports entre Deleuze et les cinémas africains, Dudley Andrew en vient en parler, pour sa part, des « films qui manquent », in *idem*.

littérature ethnographique mondiale ou le texte biblique –, la vérité que dévoile la fin de *Yeelen* se confond avec la violence même. Car cette « vérité faite violence », c'est, en définitive, celle du *sacrifice* au sens de René Girard : une « violence sans risque de vengeance ».[27] Le processus catastrophique de la violence – en tant que celle-ci est issue, dans la théorie girardienne, d'une « crise mimétique » généralisée conduisant à la « crise sacrificielle » – est annihilé à travers une victime expiatoire et symbolique : Soma. Mais Niananikoro doit également disparaître pour qu'un nouveau cycle puisse advenir, hors de la « crise mimétique » et de la violence du monde traditionnel. Le film de Cissé tire une partie de son caractère exceptionnel du fait d'avoir ainsi reconnecté un récit ancré dans un contexte socioculturel spécifique et un des thèmes les plus constitutifs de notre humanité.

27. René Girard, *La violence et le sacré*, Paris, Grasset, 1972, p. 26. Je renvoie, par ailleurs, à l'ensemble de cet ouvrage pour un développement d'une théorie anthropologique prenant appuie sur une "théorie de la violence".

VIII - SIGNES DE LA NATURE

La distinction traditionnelle entre “culture” et “esthétique” n'existe pas vraiment dans *Yeelen*, dans la mesure où ces deux notions sont, au bout d’un certain temps, appréhendées à l'aune d'une autre notion, plus englobante : la *nature*. Pour une pensée humaniste traditionnelle, l'idée de nature est nettement séparée de celle de culture, au point de sombrer parfois dans une sorte d’intellectualisme paranoïaque qui voit dans le rapprochement entre “nature” et la “culture”, au mieux, un « naturalisme », au pire, une forme de « barbarie ».[1] Il s’agit ici de prendre en considération ce que Cissé dit au sujet de cette nature, c’est-à-dire de voir comment la nature est aussi devenue un « sujet » du cinéma. De manière significative, il relie, dans le film que lui consacre Rithy Panh, la question de la nature à sa façon de travailler. Il déclare alors :

> Je me suis rendu compte qu'à chaque fois que j'écris des sujets et que je commence à tourner, parfois il m'arrivait de ne plus

1. Bien entendu, de Spinoza à Descola (entre autres), divers courants de pensée ont cherché à se situer en dehors de cette dichotomie “nature / culture”.

> voir le scénario mais de voir ce qui est autour de moi, ce qui est en train de s'incriminer, c'est-à-dire de me pénétrer de telle manière que cela devienne une force en moi, j'oublie le scénario et je me mets à filmer cela. Et dans tous mes films cela m'arrive. Et à chaque fois que ces intuitions sont là, elles sont les plus fortes et ce sont elles qui ont toujours raison. Et chaque fois que je refuse de prendre ces images que mes intuitions me donnent, je le regrette toujours parce qu'elles sont toujours les meilleures. C'est pourquoi je dis que cette poésie elle vient de la Nature elle-même, elle devient intégrante parce qu'en ce moment elle me prend elle-même et j'adhère. C'est pour cela que j'ai dit qu'en faisant des films je ne crée pas, je ne crois pas que je crée, je crois plutôt que je participe à quelque chose. Et c'est ça le plus important, je pense.[2]

Ainsi, quand le cinéaste déclare « je ne crois pas que je crée, je crois plutôt que je participe à quelque chose », on serait mis en face d'un phénomène qui serait à la fois "culturel" et "naturel", avec ses conséquences sur le plan d'un rapport à l'activité créatrice.

La différence entre une "conception occidentale" et celle de Cissé provient aussi de la place différente qu'occupe la nature dans ces deux contextes : les uns peuvent envisager d'être « comme maîtres et possesseurs » d'un milieu naturel, dans la mesure où celui-ci est, sinon scientifiquement, du moins techniquement maîtrisable et se laisse posséder ; chez les autres, l'instabilité du fleuve Niger en même temps que son importance, les phénomènes comme l'harmattan, ou le désert qui s'avance, mènent nécessairement l'homme, être de culture, à un autre rapport à la nature. Il ne s'agit pas d'un rapport de domination inversé mais d'une imprégnation si grande de la "culture" par la "nature" que l'un et l'autre ne peuvent être considérés séparément. Cette

2. Rithy Panh, *Souleymane Cissé*, documentaire, 52 minutes, Cambodge / France, 1991.

problématique achève de nous mettre en relation avec une pensée africaine contemporaine. En nous faisant rejoindre, à sa manière, des discussions habituellement circonscrites au champ de l'*écologie*, elle confirme, d'autre part, la nécessité d'une réélaboration critique. A l'image d'un grand nombre de séquences de *Yeelen* où on sortait du cadre du culte sans pour autant renoncer à une culture, certains lieux à la fois naturels et culturels « ne sont ni simplement sacrés dans un monde par ailleurs profane, ni simplement des oasis de la "protection locale" dans un paysage par ailleurs exploité ».[3] Dans cette perspective, il s'agit de considérer, sur un premier niveau, des représentations culturelles de la nature, et à un niveau plus complexe, un rapport à la croyance dans laquelle la question de la nature reste centrale.

Représentations culturelles de la nature

Sans qu'il soit possible de retracer ici le lien entre "cinéma" et "nature", on peut reconnaître qu'il est permanent – bien qu'indirect ou "refoulé". On le retrouve cependant de manière forte dans l'ontologie bazinienne ou dans ce que Deleuze développe à propos du cinéma à partir de ses travaux philosophiques.[4] Par ailleurs, une partie de la

---

3. James Fairhead et Melissa Leach, « Représentations culturelles africaines et gestion de l'environnement », *Politique Africaine*, no. 53, Paris, mars 1994, p. 22. A l'époque de *Waati*, Cissé va considérer le rapport entre l'homme et la nature comme le sujet général de son film, et, comme sujet particulier, l'impossibilité d'avoir un point de vue objectif sur le temps, « parce qu'on le détermine toujours selon son environnement, son espace et ce que l'on ressent sur le moment » (in « La longue résistance de l'Afrique vue par Souleymane Cissé », propos recueillis par M. Levieux, *L'Humanité*, 17 mai 1995, p. 24.)
4. On la repère notamment dans André Bazin (1953-1957), « Montage

littérature en langue anglaise s'est intéressée depuis quelques années aux relations entre “représentations cinématographiques” et “écologie”.[5] Concernant *Yeelen* et un cinéma africain, il est nécessaire de reprendre cette perspective critique en se focalisant sur la dimension culturelle de ces représentations. Ainsi peut-on percevoir une évolution du cinéma de Cissé, même si les images (une surface de lait, un animal etc.) insistant ostensiblement sur le “caractère naturel” de ce qui est représenté ou les thématiques plus générales (comme la “représentation de la femme” ou la notion de “personne”) ne peuvent être appréhendées indépendamment d'un arrière-plan culturel malien et africain.

En dehors du panafricanisme, l'intérêt porté par Cissé à la question de la *féminité* ne correspond au point de vue d'aucune idéologie dominante. Que ce soit pour la réduire à un essentialisme machiste – la femme “comme être humain proche de la nature” –, ou à un antihumanisme tiers-mondiste – la condition pénible des femmes africaines “comme résultat du capitalisme et d'un impéria-

---

interdit » (in *Qu'est-ce que le cinéma ?*, Paris, Editions du Cerf, 1994, pp. 49-61) à travers les thèmes du « zoomorphisme de l'objet » et de l'« anthropomorphisme des bêtes ». Voir aussi Serge Daney (1971), « L'écran du fantasme (Bazin et les animaux) » (in *La Rampe. Cahiers critique, 1970-1982*, Paris, Cahiers du Cinéma / Editions de l'Étoile, 1982, pp. 34-42) et Seung-Hoon Jeong, « Animals. An Adventure in Bazin's Ontology » (in *Opening Bazin, Postwar Film Theory and Its Afterlife*, New-York, Oxford University Press, 2011, pp. 177-185).

5. Citons notamment Paula Willoquet-Maricondi (dir.), *Framing the World. Explorations in Ecocriticism and Film*, Charlottesville, University of Virginia Press, 2010 comme une tentative de greffe entre le champ des « film studies » et celui, en cours de constitution, de l'« ecocriticism ».

lisme économique". Le développement dont il est l'objet dans ce cinéma fait néanmoins qu'on ne peut limiter ce thème au cadre relativement abstrait du panafricanisme : le cinéaste ne se contente pas de faire une référence insistante à des femmes qui, par ailleurs, seraient éloignées de lui ; ils les placent véritablement au centre de ses films. Dès ses débuts, il déjoue ainsi les critiques qui, d'un point de vue politique ou métaphysique, occidental ou africain, échouent à rendre compte du rôle de la femme dans le contexte africain. Il est en particulier remarquable que ni la critique tiers-mondiste de la société traditionnelle matriarcale, ni la critique anti-tiers-mondiste ne remettent en cause cette référence de Cissé : la première, parce qu'elle pense faire table-rase d'une tradition qui accorde à la femme un rôle éminent ; la seconde, parce qu'elle réduit tous les tiers-mondismes, et le point de vue politique qu'ils induisent, à un comportement méprisant envers la femme.[6] A suivre ces discours, on serait obligé de définir la question à la féminité dans le cinéma de Cissé comme à la fois tiers-mondiste – parce qu'elle procède aussi d'une critique de la tradition –, et comme anti-tiers-mondiste – parce qu'elle revêt aussi un sens métaphysique. En somme, on devrait définir cette relation comme une contradiction. Cette façon de procéder n'est pas interdite ; elle a cependant le gros inconvénient de simplifier, voire de négliger, les significations politiques et métaphysiques en jeu à travers ce thème de la féminité. Tout en étant de confession musulmane, Cissé n'a jamais fait de l'Islam un absolu culturel ; on est de nouveau en pleine « foire aux cultures ». Le thème de la féminité doit être pensé dans le cadre d'une complexité irréductible à la critique tiers-

---

6. Voir par exemple Pascal Bruckner, *Le Sanglot de l'homme blanc*, Paris, Editions du Seuil, 1983, pp. 253-254.

mondiste ou à la critique anti-tiers-mondiste : alors que l'histoire a révélé les limites de la première, la dernière adopte un point de vue externe au contexte africain, y compris quand elle parle d'une proximité avec le « tiers-monde ».[7]

La complexité et l'importance de ce thème dans le cinéma de Cissé tient aussi au fait que la femme constitue une sorte de « trait d'union »[8] entre un patriarcat contemporain qui est la marque de religion telle que l'Islam (ou ailleurs du Christianisme) et le matriarcat des traditions africaines que le panafricanisme s'est réapproprié. Pour Cissé, cependant, la femme africaine vit dans un univers rarement compris par les hommes. Un univers qui n'est pas seulement complémentaire de l'univers masculin, mais qui est susceptible de l'enrichir, de le porter vers des dimensions qu'il serait bien incapable de découvrir seul. L'un de ces domaines, c'est celui de l'*érotisme* – et non plus seulement de la sexualité comme enjeu de pouvoir, comme on a pu le voir précédemment. Cela est révélé, dans un premier temps, à travers la pudeur du cinéaste malien quand il filme les corps partiellement dénudés ou franchement nus de Nianankoro et de sa jeune femme – au-delà de l'impersonnalité d'une pornographie circulant librement par ailleurs. Dans *Finyé*, Bah n'osait pas se déshabiller devant Batrou ; on ne voit d'ailleurs que des fragments d'une nudité. Peut-être que le cinéaste est aussi ému que son jeune acteur masculin. A moins qu'il ne s'agisse d'une autocensure de la part d'un cinéaste à qui un critique africain déclare : « ça fait deux fois que, dans vos films, il

---

7. Pascal Bruckner, *op. cit.*, pp. 282-286.
8. Michel Serceau, « Le Vent (Finyé) », *CinémAction*, no. 26, 1983, p. 14.

y a une scène de toilette entre homme et femme. Cela est contraire à nos traditions ».[9] On trouve un analogon de cette scène de *Finyé* dans *Yeelen*. Le cinéaste se justifiait auprès du critique en déclarant qu'ils ne se lavent pas ensemble ; un rapport d'intimité est seulement évoqué. Dans *Yeelen*, Nianankoro et sa jeune femme ne se lavent pas ensemble non plus ; une forme d'érotisme est discrètement présente, néanmoins, à travers les images d'eaux ruisselantes sur le corps féminin. Cissé n'aurait pas de gêne particulière à aller sur ce terrain ; par contre, il semble rester attentif à la réception qui peut en être faite par le public africain.

A travers la question de la féminité, on verrait comment la "femme" est d'abord considérée par rapport au monde de la tradition ; Ratiba Hadj-Moussa et Denise Pérusse indiquent de manière très pertinente que « si les femmes sont garantes de la tradition et annoncent le mythe, elles le laissent toutefois aux autres. Ce dernier est masculin. »[10] On serait conduit à traiter une signification qui n'est pas directement perceptible à travers la représentation de la femme mais qui, dans un contexte culturel africain, serait plus précisément liée à la notion de « personne ». On sait que dans la tradition bambara (et plus généralement dans les traditions africaines), la personne est le microcosme de l'univers. Germaine Dieterlen écrit ainsi que « les Bambaras conçoivent l'homme (homo) comme *le principe de la nature* ».[11] Une telle conception est évidemment difficile à

9. Souleymane Cissé, in « Entretien avec Souleymane Cissé », propos recueillis par J. Binet et K. Touré, *Positif*, no. 322, décembre 1987, pp. 8-10.

10. Ratiba Hadj-Moussa et Denise Pérusse, « L'arbre de la connaissance », *Films d'Afrique*, Montréal, Guernica, 1991, p. 120.

11. « Il est « le grain du monde », et, à ce titre, le reflet de la totalité

exprimer au cinéma. Un rapport à la « personne », dont le sens ne se limiterait pas au cadre d'un « sujet », semble repérable chez Cissé et orienterait son cinéma sur un "plan métaphysique". Mais comment transposer au cinéma une notion aussi complexe que celle de la « personne » ? Cela supposerait de contourner deux obstacles ; l'un d'ordre "ethnologique", l'autre qui se situerait sur le plan "théorétique".

L'"obstacle ethnologique" ne découle pas de l'ethnologie elle-même mais d'une tendance à modifier son jugement en fonction d'une origine culturelle supposée. Comme beaucoup de ces confrères, Cissé a été confronté à la question rituelle sur son "origine ethnique", sous le prétexte que celle-ci aiderait à mieux comprendre une pratique cinématographique et artistique puisque on pourrait, ainsi, en connaître la "source". Il y répond en déclarant que « l'imagination est personnelle » et qu'elle est « cosmique »,[12] ce qui n'est pas sans rappeler la conception bambara de la « personne ». Pour s'y être référé dans *Yeelen* (comme dans la plupart de ses films), Cissé semble ne pas ignorer cette dimension. Il pourrait se la réapproprier pour autant qu'elle recèle des significations qui débordent de la seule religion bambara. L'adhésion à une

---

des êtres et des choses, dans leur essence et leur situation. », Germaine Dieterlen, *Essai sur la religion bambara*, Edition de l'Université de Bruxelles, 1988, p. 81. (*C'est moi qui souligne*).

12. Il déclare : « Pour moi chaque homme a sa propre force pour s'exprimer : quand vous vous situez dans les cultures vous donnez à la fois ouverture et fermeture. Pour chaque individu, l'imagination est personnelle, intuitive. Pour moi, l'imagination est planétaire, cosmique. La culture soninké (ou sarakolé) ou la culture bambara est-elle à l'origine ? Je suis soninké, mais je m'exprime en bambara. Suis-je davantage l'un ou l'autre ? Je suis plus près des Bambaras que des Soninkés. » Souleymane Cissé, in *op. cit.*, p. 9.

religion dite "traditionnelle" est généralement surdéterminée par le lieu de naissance ; le culte s'identifie ici à la culture. La conversion au monothéisme (Christianisme ou Islam) revêt aussi un "dimension culturelle" dans la mesure où elle sert aussi de mode d'accès à la modernité des cultures de l'écrit. Parce qu'il sort de ces différents déterminismes cultuel et culturel, tout en continuant d'y faire référence, une partie de la réflexion de Cissé sur la culture bambara mériterait d'être considérée comme *philosophique*, en se focalisant en particulier sur la dimension métaphysique liée à la notion de personne.

Il s'agirait alors d'affronter un "obstacle théorétique" qui a pu déteindre sur une partie de la théorie du cinéma. Dans les approches sémiologiques et – mais différemment – sémiotiques, il est courant d'utiliser le terme de « sujet » : au-delà des différences idéologiques et de visées épistémologiques, on y retrouve les expressions de « sujet collectif » ou de « sujet individuel » pour désigner une action et son agent, un sujet en quête de son objet. Ainsi, un sémiologue analyse le mouvement conduisant, dans *Finyé*, de la répression à la libération et la contradiction se nouant entre ces deux stades comme l'action politique d'un sujet « à la fois collectif (les lycéens) et individuel (Batrou, Bah, le grand-père) ». Cette définition d'un « sujet à la fois individuel et collectif » pourrait être rapportée au thème du pouvoir qui est en jeu dans ce film ; pour autant, elle n'explique pas la production de l'action, elle ne rapporte pas le sens prédicatif – une action à la fois collective et individuelle – qui serait contenu dans ce sujet. De son côté, Gilles Deleuze ne considère que le "sujet collectif" qu'il assimile, on l'a vu, au « peuple qui manque ». Cette conception s'oppose implicitement au principe d'un sujet individuel : il s'agit, notamment à la suite de Pasolini et de Bakhtine,[13] d'attribuer d'emblée au sujet une dimension « collective ». Elle semblerait pouvoir s'accorder de manière formelle avec la conception africaine de la personne ; toutefois, l'ordre social et culturel dans lequel cette personne évolue n'est pas seulement collectif, il est aussi individuel. En concentrant son analyse sur un point de vue collectif – devant déboucher sur une opposition au mythe –, l'approche deleuzienne ferait un peu vite l'économie du poids qui peut être attaché à un « sujet collectif » dans un contexte africain.

Cheikh Anta Diop, dont le marxisme voulait prolonger un certain socialisme africain, parle lui-même d'un sujet (africain) rendu névrosé par un « excès de vie communautaire »[14] et auquel manquerait le repli d'une vie privée. Plus généralement, il convient de rappeler que l'échec des tiers-mondismes tient avant tout dans le crédit illimité qui avait été accordé au "sujet collectif", à la "masse" ou au "peuple". Cissé a vécu de l'intérieur cette histoire. L'usage métaphorique et allégorique qu'il fait des phénomènes de magie dans *Yeelen* ne saurait être interprété uniquement du point de vue d'un "sujet collectif" ; il ne saurait non plus

---

13. Gilles Deleuze a pu mentionner en même temps ces deux auteurs dans *L'image-temps*, Paris, Editions de Minuit, 1985, note no. 2, p. 107. Les conceptions de ces auteurs, et plus particulièrement celles de Pasolini, sous-tendent l'ensemble des analyses du philosophe sur le cinéma, et prolongent la critique épistémologique des « postulats de la linguistique » entreprise avec Félix Guattari dans le chapitre IV de *Mille Plateaux*, Paris, Editions de Minuit, 1980, pp. 95-139.
14. Cheikh Anta Diop, *Civilisation ou Barbarie*, Paris, Présence Africaine, 1981, p. 458. Ce point de vue reflète largement une opinion africaine de notre temps, et plus particulièrement celle des cinéastes gérant une activité créatrice solitaire, parfois avec un peu de mauvaise conscience.

être appréhendé comme une sorte de convergence d'un "sujet collectif" et d'un "sujet individuel". Mais les études cinématographiques ne se limitent pas à ces perspectives ; on pourrait notamment se souvenir ici de la notion de « cinéma total » telle que développée par André Bazin. Par ce biais, on retrouverait cette idée d'un cinéma au-delà de toute "subjectivité" et procédant d'« un réalisme intégral, d'une recréation du monde à son image, une image sur laquelle ne pèserait pas l'hypothèse de la liberté d'interprétation de l'artiste ni l'irréversibilité du temps ».[15] Par-delà la critique marxiste (et tiers-mondiste) d'un ethnocentrisme européen, il y aurait à apprécier une *critique de l'anthropocentrisme* qui entrerait directement en correspondance avec la nature même du médium cinématographique. Ce faisant, on achèverait de sortir des contenus politiques qui pouvaient apparaitre prépondérants jusqu'à présent.

Qu'une "perspective métaphysique" se dessine à travers *Yeelen* n'implique pas pour autant que l'on soit tenu de se situer sur ce même plan. Au regard de la religion bambara, il s'agit de considérer un principe « contenu dans la pensée créatrice aux origines et réalisé dans l'univers par le ciel et la terre »[16] s'incarnant dans la personne, mais ce sont seulement des signes (ou des traces) de la personne que le film se chargera de transcrire. L'un de ces signes est d'ailleurs incontournable, sur les plans de l'image et du récit : c'est celui du double ou, plus exactement, de la

15. André Bazin (1946), « Le mythe du cinéma total », in *Qu'est-ce que le cinéma ?*, Paris, Editions du Cerf, 1994, p. 23. Voir également Tom Gunning « The World in Its Own Image. The Myth of Total Cinema », in *Opening Bazin. Postwar Film Theory and Its Afterlife*, New-York, Oxford University Press, 2011, p. 123.
16. Germaine Dieterlen, *op. cit.*, p. 81.

gémellité. Soma, le chef du Komo qui désire tuer son fils au nom de la société d'initiation, a un frère jumeau. Ce dernier a, comme Nianankoro, cherché à quitter la société ésotérique bambara. Les autres initiés ont alors pensé qu'il allait trahir les secrets du Komo. Pour éviter cette trahison éventuelle, ils auraient fait en sorte de le rendre aveugle au moyen d'une lumière comparable à celle qui anéantira Soma et Nianankoro à la fin de *Yeelen*. Le cinéaste définit en ces termes le sens de cette « lumière » : « C'est la somme globale de la connaissance, ce que l'homme a créé et qui l'engloutit. Cette connaissance, elle est là, elle est en nous, on la vit tous les jours, on la met « en relief » parce que l'homme c'est aussi l'inépuisable connaissance, un être qui crée et invente sans jamais s'arrêter. »[17] La dualité arrive très vite à un sens qui dépasse le simple jeu visuel et l'analyse formaliste – à l'inverse de l'usage à la fois ludique et intellectualiste tel qu'il existe, par exemple, chez un Peter Greenaway.

Nature et rapport à la croyance

Ce faisant, le cinéaste semblerait mettre en avant certaines "significations négatives" liées à la notion de personne. Il serait confronté aux restes d'un contenu métaphysique, à des représentations qu'il ne saurait modifier ou simplement manipuler. Ainsi, il rapporte par exemple comment, voulant engager une femme albinos pour le rôle de la mère de Nianankoro dans *Yeelen*, « ses propres enfants s'y sont opposés, pensant qu'on allait l'exécuter. »[18] Il prendra

17. Souleymane Cissé, in « Cissé : On peut se dire que c'est purement de la magie », propos recueillis par B. Ollier, *Libération*, 2 décembre 1987, p. 34.
18. Souleymane Cissé, in « Souleymane Cissé », propos recueillis par

pourtant le risque d'évoquer dans ce film le sacrifice d'un albinos par Soma, bien qu'il connaisse le caractère polémique de ce problème dans la société traditionnelle ; à cause de sa nature à la fois sacrée et impure, l'albinos peut devenir l'objet d'un sacrifice.[19] Cissé ne nous montre pas un tel sacrifice humain mais il ne nie pas non plus qu'il ait pu exister ; cela fait partie selon lui des pratiques traditionalistes qui doivent disparaître, et qui, dans *Yeelen*, rappelle à ceux qui l'auraient oublié l'horreur à laquelle des hommes de pouvoir peuvent se livrer. La position de Cissé semblerait correspondre à ce qu'écrit Deleuze à propos des « auteurs naturalistes ».[20] Comme le problème métaphy-

---

B. Génin, *Télérama*, 2 décembre 1987, p. 32.

19. L'albinos est considéré dans la mythologie bambara comme un couple de jumeaux réunifiés en une seule personne par Faro, parce qu'il serait issu d'une conception impure au milieu du jour. L'albinos devient alors « un être nouveau, donné par Faro aux hommes », il n'hérite des principes d'aucuns ancêtres. Voir Germaine Dieterlen, *op. cit.*, pp. 107-108.

20. Répétant les propos du philosophe, on pourrait dire alors qu'à travers sa référence à la conception bambara de la personne, Cissé appartient encore à un monde originaire, mais celui-ci « (...) n'existe et n'opère qu'au fond d'un milieu réel, et ne vaut que par son immanence à ce milieu dont il révèle la violence et la cruauté ; mais aussi le milieu ne se présente comme réel que dans son immanence au monde originaire, il a le statut d'un milieu « dérivé » qui reçoit du monde originaire une temporalité comme destin. Il faut que les actions ou les comportements, les personnes et les objets, occupent le milieu dérivé, et s'y développent, tandis que les pulsions et les morceaux peuplent le monde originaire qui entraîne le tout. C'est pourquoi les auteurs naturalistes méritent le nom nietzschéen de « médecins de la civilisation ». Ils font le diagnostic de la civilisation. L'image naturaliste, l'image-pulsion, a en effet deux signes : les symptômes et les idoles ou fétiches. Les symptômes sont la présence des pulsions dans le monde dérivé, et les idoles ou fétiches, la représentation des morceaux. C'est le monde de Caïn, et les signes de Caïn. » Gilles Deleuze, *L'image-mouvement*, Paris, Editions de Minuit, 1983, p. 175.

sique de la personne réside dans son identification à l'ensemble de l'univers – conduisant aussi à une certaine dissolution dans la nature –, on peut penser que ce monde originaire a nécessairement un impact sur des films comme *Yeelen* – et d'une manière beaucoup plus forte que dans ce qui est habituellement considéré comme le naturalisme au cinéma. Dans l'ordre de la nature, la mort est bien entendu le mode le plus complet de dissolution de l'être ; aux yeux des hommes, c'est le plus tragique. Dans la culture bambara, comme dans toute culture, l'ensemble des pratiques peut être compris comme une manière d'éviter une mort définitive, en prolongeant le souffle vital attaché à la personne. Cissé ne situe pas sa pratique à ce niveau ; néanmoins, les signes de la nature qu'il propose dans *Yeelen* semblent sortir du cadre des seules représentations culturelles ou d'une réappropriation des conceptions culturelles de la nature pour induire, en partie, un *rapport à la croyance*.

Concernant la question des auteurs naturaliste, Gilles Deleuze utilise les concepts d'« idole » et de « fétiche ». De même pourrait-on dire que, dans *Yeelen*, Cissé utilise le cinéma comme un moyen de refléter le fétichisme des religions traditionnelles. Il donne à voir une certaine animalité de l'homme. Il a pu ainsi déclarer qu'« il y a des hommes qui ressemblent à des chiens, des hommes qui ressemblent à des lions ou à d'autres animaux ».[21] Dans *Yeelen*, cette conception s'exprime assez clairement à travers les images de lion et d'éléphant qui apparaissent en fondu-enchainé sur les visages de Nianankoro et de Soma.

21. Souleymane Cissé, in « Yeelen », propos recueillis par Y. Stern, brochure du *Festival International de Films de Fribourg*, 1987-1988, p. 38. On a pu déjà rappeler précédemment que le lion est le « fétiche » des Diarra.

Ceci pourrait, par ailleurs, nous rapprocher d'une nature humaine ou d'une culture qui serait commune à l'humanité. C'est ce que semble exprimer à sa manière le cinéaste quand, à la question de savoir pourquoi il montre si souvent des images de feu dans ses films, il répond :

> Je ne suis pas fils de forgeron, mais je suis fils de quelqu'un qui mange. Le feu fait partie de notre vie et est le symbole de tout ce qu'on peut imaginer. On est tous plus ou moins lié au feu. Ce n'est pas un choix hasardeux. Notre société et toute science commencent par la forge : la forge est une force magique qui donne l'entrée en matière des choses, nous mène à l'intérieur des choses. »[22]

Un *écart* se dessinerait, cependant, entre l'authenticité attribuée aux rites et le caractère nécessairement trivial d'une représentation cinématographique, puis, entre ce rapport à la croyance – impliquant un lien entre un cinéma africain et la culture – et le caractère potentiellement idéologique que peut prendre une référence à un contenu métaphysique de cette culture.

Chez Souleymane Cissé, le filmage et la "représentation" des rituels traditionnels procède d'une conservation, voire d'une imitation des rites entourant le sacré ; on a pu dire, au cours du chapitre précédent, que ce filmage constitue un style cinématographique propre. On avait alors affaire à une pratique et une esthétique cinématographique complexe puisque l'ensemble des procédés du scénario, du filmage et du montage sont sollicités et agencés d'une façon nouvelle dans l'histoire des cinémas africains. Ce qui prime pour Cissé, c'est d'aller du rite, c'est-à-dire

22. Souleymane Cissé, in « Entretien avec Souleymane Cissé », propos recueillis par J. Binet et K. Touré, *Positif*, no. 322, décembre 1987, p. 8.

d'une situation régit par le secret et le sacré, à une transmission des significations qui lui sont attachées. Ce genre de double contrainte était déjà à la source de la polémique qui avait entouré *Les Maîtres fous* : comment représenter de manière non triviale le sacré ? Le problème de cette approche, c'est de conserver un lien avec un sacré devant rester dans le cadre d'un secret. Or, ce secret est justement *ce que nous ne pouvons pas représenter* : c'est là tout l'intérêt d'un film comme *Yeelen.*

Un tel "rapport au secret" ne doit pas être compris au sens d'une ressemblance avec ce que serait ce secret : pour Cissé, le problème n'est pas de le mettre en scène ou en image mais de parvenir à une représentation cinématographique qui rende compte de tout ce qu'il signifie. Ce point peut être dans un premier temps appréhendé sous l'angle du rapport entre le caractère artificiel de la mise-en-scène et l'authenticité d'une culture. Concernant *Yeelen*, Souleymane Cissé répond en ces termes :

> — *Dans quelle mesure les rites que vous filmez sont-ils mis en scène et dans quelle mesure le cinéma peut-il toucher à leur authenticité ?*
> — C'est vrai que nous avons beaucoup souffert pour tourner certaines séquences rituelles. J'estime que l'Afrique doit s'ouvrir au monde. Et c'est justement en montrant ce côté mystérieux que l'on a toujours caché que l'on fait avancer les choses. Ce n'est pas facile, pour ceux qui connaissent l'Afrique, parce qu'il y a tellement de tabous, de choses secrètes. Quand vous essayez de les approcher, votre vie est en danger. J'ai été, moi-même, personnellement menacé. Toute mon équipe était menacée. Je l'ai pris à la légère mais certains autour de moi avaient peur parce qu'ils savaient ce que cela voulait dire. Particulièrement les vieux. Ainsi, il y a des séquences que nous n'avons pu tourner.
> — *Pourtant ce film montre des choses qui font partie de secrets, des rites d'initiation ? Cela ne représente-t-il pas un danger ?*
> — Non. Le film montre, cautionne, une croyance. Il

> n'en dévoile jamais le secret. Et cela n'a rien de négatif, au contraire. Cela lui donne toute sa force, tout son poids. C'est ce qui était difficile à faire comprendre aux initiés, détenteurs du secret, pour qu'ils nous racontent ce qu'est leur société, comment ils discutent, comment ils se réunissent. [23]

Le cinéaste accorde encore une valeur au *secret qui entoure le sacré*. Il se retrouve dans une situation qui, de nouveau, n'est pas si éloignée de celle d'un anthropologue : voulant interroger les détenteurs du savoir ésotérique de la société du Komo, il est lui-même rapidement confronté à un pouvoir. L'autre point de rapprochement concerne la collecte d'informations à laquelle a dû procéder Cissé, comme tout cinéaste africain qui traite de cultures traditionnelles ; la réalisation, elle-même, nécessite de prendre en compte un long travail de préparation, même si on peut supposer que le cinéaste africain connait déjà de l'intérieur une partie des milieux culturels qu'il représente à travers son film. Le pouvoir qui est associé à ces secrets n'en est pas moins menaçant. Les phénomènes paranormaux, auxquels fait référence Cissé à l'occasion du tournage de *Yeelen*, n'existent que pour celui qui consent à y croire, car ils démontrent moins la réalité de ces phénomènes que la puissance des interdits qui les entourent.

Cissé arriverait alors à un point quelque peu contradictoire, en affirmant que le spectateur peut se laisser aller au spectacle de la magie et accéder à tout ce qu'elle signifie – une contradiction qui est exprimée par Dudley Andrew, quand il justifie à un niveau plus théorique la référence de Cissé à la magie, en parlant d'une coïncidence entre une

23. Souleymane Cissé, in « Yeelen », propos recueillis par Y. Stern, brochure du *Festival International de Films de Fribourg*, 1987-1988, p. 37.

« magie qui représente » et une « magie représentée ».[24] En voulant rendre compte de ce rapport “nature / culture” et de la portée philosophique que celle-ci peut avoir, Cissé est amené lui aussi à transgresser les formes du sacré : il rapporte qu'après avoir filmé des véritables masques rituels dogons, malgré le refus de leurs propriétaires – les habitants de Sangha –, il n'a jamais pu intégrer ces séquences à *Yeelen* : « Le film les rejetait », déclare-t-il.[25] Là encore, le problème n'est pas de savoir si on a affaire, ou non, à des phénomènes magiques mais de constater que le cinéaste est amené à rompre les interdits au même titre que n'importe quel chercheur de terrain. Un point de vue africain sur le sacré ne préserve pas, finalement, d'une forme de *transgression.*

Là où Rouch était confronté au dilemme entre la nécessité de préserver la sacralité du rite et le fait d'en garder, malgré tout, une trace filmique, Cissé s'expose à la contradiction qui existe entre l'“authenticité” accordée aux rites et la trivialité propre au dispositif d'un film de fiction. Sur un plan pratique, il indique par exemple que pour la séquence de *Yeelen* où Soma révèle aux autres membres du Komo

---

24. Dudley Andrew, « Falaises sacrées et espaces communs », *Iris*, no. 18, 1995, pp. 120-121. Andrew parle par ailleurs d'« un rendez-vous de l'imagination avec la nature » (p. 119), ce qui s'accorde assez naturellement avec un médium qui entretient historiquement une relation avec la magie. D'un autre côté, il insiste sur le fait que *Yeelen* ne montre pas un “rapport à la magie”, mais un “rapport à la connaissance”, et plus précisément à ce que Souleymane Cissé appelle le « pouvoir de la connaissance ». Voir Souleymane Cissé, in « Entretien avec Souleymane Cissé », propos recueillis par J. Binet et K. Touré, *Positif*, no. 322, décembre 1987, p. 10.
25. Souleymane Cissé, in « Je crée en marchant », propos recueillis par D. Heymann, *Le Monde*, 29-30 novembre 1987, p. 10.

pourquoi il poursuit Nianankoro, le rite traditionnel n'est en réalité que peu dirigé et mis en scène :

> J'ai voulu redonner aux rituels leur charme, leur beauté. Pour la cérémonie du Komo, ce sont des initiés eux-mêmes qui jouaient leur rôle. Tout ce qu'il y avait à faire, c'était de diriger le dialogue ; sinon, il fallait les laisser parler et bouger sans les gêner. Ils ont accepté la présence de la caméra après des discussions très serrées avec les chefs religieux, puis se sont mis à notre disposition avec beaucoup de fierté et de sincérité.[26]

Le cinéaste voudrait résoudre cette contradiction par un appel constant à l'ouverture et à l'évolution des traditions africaines. Il parvient même à convaincre des acteurs qui pourraient avoir moins intérêt que lui à ce que la tradition s'ouvre au monde. Renonçant à considérer le cinéma comme un théâtre vulgaire – ou « tiyatra » [27] –, ces vénérables acteurs du Komo se seraient mis à attacher de l'importance à ce qu'il faut bien appeler le rituel cinématographique. Ainsi, le film est aussi le reflet de *transformations sociétales*, même s'il ne faut pas s'illusionner sur le degré de préservation du secret en dehors même de pratiques cinématographiques comme celle de Cissé.

« Le cinéma dès le début eut un rapport spécial avec la croyance » écrivait Gilles Deleuze en repérant les rapports à une « catholicité » et à une « foi révolutionnaire »

26. Souleymane Cissé, in « L'Afrique dans la lumière », propos recueillis par C. Tesson, *Cahiers du cinéma*, no. 402, décembre 1987.
27. Amadou Hampâté Bâ indique que ce terme bambara est une corruption du mot « théâtre » ; il était utilisé pour désigner le cinéma lors de son apparition au Mali au début du siècle. Il est parfois encore utilisé. Voir Amadou Hampâté Bâ, « Le dit du cinéma africain », *Premier catalogue sélectif international de films ethnographiques sur l'Afrique noire*, Paris, UNESCO, 1967, pp. 9-19.

comme les deux pôles principaux d'attraction de cet art de masse.[28] Selon lui, le premier trouverait un terrain plus favorable dans le « cinéma d'auteur occidental » et le second serait privilégié par le « cinéma du tiers-monde ».[29] Avec *Yeelen*, Cissé n'est inspiré ni par l'un ni par l'autre de ces deux pôles – même s'il a pu occasionnellement être influencé par des auteurs ou de traditions en rapport avec ceux-ci. La question demeure de savoir si un rapport à la croyance lié à un contexte ouest-africain, tout en étant inédit dans l'histoire des cinémas du monde, est admis assez lucidement pour atteindre à cette "ouverture métaphysique" que le cinéaste dit rechercher. Arrivé à ce *stade aporétique de notre interprétation*, on pourrait toutefois penser que Cissé a conçu son film comme une sorte de synthèse entre la "politique monothéiste" d'un « cinéma d'auteur occidental » – le cinéma comme médium entretenant un rapport spécial à l'universel promu par la modernité – et "l'ethos polythéiste" d'un « cinéma du tiers-monde » – le cinéma comme médium admettant toutes les formes de réappropriation possibles et faisant la promotion de la diversité des expressions culturelles, tout en étant ontologiquement lié à des formes de standardisation. La question de la nature se situe au cœur de cette articulation complexe.

---

28. Gilles Deleuze, *L'image-temps*, Paris, Editions de Minuit, 1985, p. 222.
29. Gilles Deleuze, *idem*.

IX - EPILOGUE : CINEMA ET CULTURE

Lorsque j'écoute le Bambara dans *Yeelen* de Souleymane Cissé, est-ce que je suis encore un étranger ?
Jean-Marie G. Le Clézio[1]

Après avoir décrit la richesse et la complexité de *La Lumière* de Souleymane Cissé, il est temps de revenir sur *le chemin parcouru*. L'idée d'un "cinéma de la totalité" a d'abord été rapportée à une allégorie cinématographique au service de la réappropriation d'un regard africain. Cette perspective a ensuite été prolongée à travers la perception d'une symbolisation de l'espace diégétique pour suggérer, sur le plan d'une mise en intrigue, l'émergence d'un nouveau monde, après la catastrophe. On a pu aussi considérer l'imaginaire à l'œuvre dans la pratique du cinéaste et le glissement progressif vers cette crise radicale représentée par le scénario œdipien. Revenant sur les conditions de cette pratique cinématographique, on a pu réévaluer

1. Jean-Marie G. Le Clézio, *Ballaciner*, Paris, Gallimard, 2007, p.41.

l'opposition au cinéma ethnographique et voir que la beauté formelle était pensée par le cinéaste comme un moyen pour résoudre en partie un manque de reconnaissance. Touchant à la question du pouvoir, à travers non seulement les notions de tradition et de modernité mais aussi celle de postmodernité, on a été conduit, par ailleurs, à considérer ce cinéma comme le résultat d'un processus d'hybridation culturelle. D'autre part, en abordant la question, si déterminante pour le cinéaste, de la violence, on a pu voir qu'une des stratégies de Cissé est de la relier, de manière métaphorique, au rituel et au sacrifice. On a finalement appréhendé le cinéma de Cissé à l'aune de la notion de nature, non seulement pour achever de décrire la complexité symbolique de *Yeelen* mais pour rendre compte d'une stratégie irréductible à l'opposition simpliste entre un cinéma d'auteur (souvent d'inspiration occidentale) et un cinéma du tiers-monde qui serait avant tout engagé dans des luttes politiques.

Le titre du film fonctionne lui-même comme *le* symbole synthétisant l'ensemble des figures (allégoriques, métaphoriques, etc.) du discours filmique de Cissé et qui, au fond, cherche à concilier une pratique cinématographique africaine avec des symbolismes culturels d'Afrique de l'Ouest. Ainsi a-t-on pu parcourir toute la richesse et la complexité d'un tel symbole en prenant en compte aussi bien l'invention propre de Souleymane Cissé qu'un imaginaire ancré dans les cultures bambara et dogon. Au terme d'un parcours herméneutique complexe, ce qui se joue c'est la reconnaissance même d'une pratique cinématographique singulière dont l'objectif esthétique aussi bien que politique est de donner à voir un univers socioculturel absent de l'histoire du cinéma, tout en entretenant une forme de connivence (ontologique) avec le medium cinématographique. En résumé, *La Lumière* met en œuvre non pas un cinéma filmant une culture mais une tentative de conjonction entre une certaine conception du cinéma et un terrain culturel spécifique, et cela passe autant par la réappropriation d'un symbolisme culturel que par une réélaboration stylistique du cinéma.

On doit pourtant se souvenir qu'au-delà d'un succès festivalier et une époque (de la fin des années 80 au début des années 90) au cours de laquelle les films de Gaston Kaboré ou d'Idrissa Ouédraogo, à côté de ceux de Souleymane Cissé, ont pu être à la mode, *Yeelen* n'a pas toujours été bien compris et accepté. Un malentendu subsiste encore aujourd'hui chez une partie des connaisseurs du "cinéma africain", qui demeurent dans des « demandes de réalisme »,[2] et une partie des spécialistes de l'Afrique (dans le champ des sciences sociales ou du développement), qui restent sceptiques au sujet de la légitimité politico-culturel du cinéma sur le continent. Devrait-on considérer *Yeelen* comme une "régression", comme cela est induit par certaines critiques ? Est-ce que son auteur se serait perdu dans les mythes voire, beaucoup plus gravement, essaierait d'« esthétiser la politique », pour reprendre la formule de Benjamin ? Pour répondre à ces questions et mettre à jour une différence de Cissé vis-à-vis des pratiques artistiques et cinématographiques fondées sur des arrière-pensées, c'est bien *l'articulation entre "cinéma" et "culture"* qu'il s'agit de réinterroger. Dans un grand nombre de propos de Souleymane Cissé, repris de divers entretiens qu'il a don-

2. Au sens défini notamment par Dudley Andrew à propos du cinéma classique français ; voir *Mists of Regret. Culture and Sensibility in Classic French Film*, Princeton, Princeton University Press, 1995, notamment le chapitre 7. On pourrait penser que ces « demandes de réalisme » ont trouvé à se prolonger dans les approches critiques des cinémas africains qui sont apparues dans les années 70 et 80.

né depuis les années 70, la référence à la culture semble là pour définir (à la fois) une pratique personnelle et ce que serait un "cinéma africain" : la "culture" est ainsi rapportée essentiellement à la fois à une "identité africaine" (dans toute sa "profondeur" historique, idéologique, métaphysique etc.) et à une expression artistique particulière, le cinéma. Il est assez remarquable que Cissé semble le plus souvent induire une sorte de "rapport d'évidence" entre ce qu'est le cinéma en tant que médium, d'une part, et son développement en Afrique, d'autre part. Il ne fait pas de doute, pour le cinéaste, que le cinéma soit imprégné par la ou les cultures africaines et que, réciproquement, ces cultures africaines soient transformées par le médium cinématographique.

La relation entre le cinéma et la culture a été approchée de *multiples manières* par les études cinématographiques ou par les autres disciplines académiques s'intéressant au cinéma. Pour résumer, on la repère 1) dans le cadre des relations entre « cinéma et anthropologie », 2) dans le cadre de ce qu'on appelle les « cultural studies » ou 3) dans le cadre d'une « sociologie du cinéma » prolongeant une sociologie de la culture et, parfois, les apports de l'histoire culturelle. En tentant d'approcher cette articulation entre "cinéma" et "culture", il est certain que l'on peut tirer grand profit de ces trois perspectives principales. D'une manière générale, la plupart des études qui ont été conduites au sujet des cinémas africains empruntent à ces différentes perspectives, même si on doit reconnaître que la première approche est, historiquement, celle qui a été prioritairement appliquée au champ africain, en liaison avec le domaine dit de « l'anthropologie visuelle ». D'autre part, et dans une perspective pouvant s'opposer en partie à cette première approche, la seconde approche est probablement celle qui est dominante depuis les années

90, en particulier dans la littérature de langue anglaise. En un sens, les « cultural studies » sont inséparables des débats sur la culture populaire et la politique dans des contextes anglo-saxons, lesquels ne sont pas, sur les plans sociologiques ou concernant la relation à une “identité culturelle”, universels. Pour sortir de ces limitations, des greffes ont été développées avec d'autres approches (« French theory », féminisme, « études postcoloniales », etc.) ; d'autre part, l'internationalisation des « cultural studies » a donné lieu a des réadaptations aux différents contextes nationaux. On reste cependant, à chaque fois, dans un « culturalisme » et non pas dans une articulation à proprement parler entre “cinéma” et “culture”.[3] Enfin, pour ce qui concerne l'approche sociologique, on pourrait regretter qu'elle n'ait pas pu encore être pleinement appliquée aux cinémas africains, non pas seulement parce qu'elle est potentiellement associable à une prise en compte des dimensions économiques ou de développement du cinéma en Afrique mais aussi parce qu'elle permettrait une appréhension du « sujet » engagé dans ces dernières pratiques. En fait, si elle peut éclairer le cinéma et l'audiovisuel dans des contextes africains, l'approche sociologique ne semble guère compatible, sous sa forme habituellement développée dans les “études cinématographiques”, avec une théorie de l'imagination depuis laquelle il reste nécessaire d'appréhender ce rapport à la culture chez Cissé.[4]

3. En plus de ceux, déjà évoqués, du relativisme et de l'éclectisme, le risque des « cultural studies » reste d'hypostasier la notion même de “culture”.

4. Des approches renouvelées s'intéressant aux « récits de vie » ou aux « complexités culturelles » permettront peut-être, à l'avenir, l'émergence d'approches intégrant de manière plus satisfaisante ces notions d'imagination et d'imaginaire.

Quand on revient à une perspective poétique ou esthétique, cette articulation entre "cinéma" et "culture" concerne au premier chef la question de l'imitation ou de la représentation – la *mimèsis* au sens aristotélicien du terme – mais aussi nous amène à considérer une médiation entre temps et récit – au sens de la *triple mimèsis* de Paul Ricœur.[5] Ainsi, selon un premier sens, on dirait que le cinéma serait un médium permettant de "représenter" la ou des cultures (africaines) et on identifierait cette possibilité non pas seulement dans un cinéma africain contemporain (fiction ou documentaire) mais aussi, bien que différemment, dans le "cinéma colonial" et dans le "cinéma ethnographique". Chacune de ces perspectives doit, certes, être rapportée à la question du "regard" mais toutes ne peuvent être pleinement comprises que ramenées à leur contexte historique et idéologique respectif. Selon un second sens, il s'agirait de passer d'une définition classique de la représentation comme "monde constitué" – généralement depuis un point de vue occidental – à une crise de la représentation comme conséquence d'un "être-au-monde" qui se détermine par rapport à un "monde constituant", une crise qui, au moins depuis Husserl et Bergson, est liée à l'importance prise par la "question du temps" dans les discours philosophiques ou théoriques. Le cinéma, comme on le sait, est le contemporain de cette "nouvelle pensée", qu'elle va ensuite accompagner. De ce point de vue, c'est l'usage même des termes de "représentation" ou de "représenter" dans le langage ordinaire qui devient plus complexe. Et concernant un cinéma africain, la différence avec le "cinéma colonial" et les premières approches du

5. Paul Ricœur, *Temps et récit 1. L'intrigue et le temps historique*, Paris, Editions du Seuil, 1983, notamment le chapitre 3.

"film ethnographique" va devenir déterminante à partir du moment où on comprend qu'il ne s'agit plus (seulement) de considérer "ce que l'image représenterait". Ce qui importe désormais c'est comment le réel sera dévoilé dans toute sa complexité (incluant les dimensions du mouvement et du temps), comment le réalisateur agencera tous ces éléments constitutifs en y incluant sa sensibilité et sa culture, comment notre compréhension de cette articulation entre cinéma et culture intègrera la dimension dynamique d'une pratique artistique (« le fond opaque du vivre, de l'agir et du souffrir » rappelle Ricœur[6]) et comment le spectateur sera, à son tour, affecté dans sa propre vie.

Yeelen ouvre ainsi sur une nouvelle façon de concevoir une intrigue (cinématographique) dans un contexte africain. Sous sa forme la plus idéaliste – qui pourrait aussi être la plus idéologique –, la conception de Souleymane Cissé semblerait être à la recherche sinon d'une transparence entre "cinéma" et "culture" du moins d'une forme de synchronie. On pourrait même penser que, selon Cissé, tout cinéma (africain) doit nécessairement tendre vers ce rapport de synchronie : ce qui induit qu'un effort plus important soit demandé, de manière implicite, à ceux qui ne seraient pas spontanément orientés dans ce sens ; ce qui a conduit, de manière plus explicite, à un rejet plus général des pratiques cinématographiques non-africaines en terres africaines. Au total, une forme d'essentialisme doit être identifiée au niveau des discours, en particulier quand il s'agit d'appréhender la relation entre "cinéma" et "culture". Tout en reconnaissant ce risque, l'une des motivations ou raisons d'être de cette étude est de montrer que ce qui fait l'importance et l'intérêt de *Yeelen*, et plus généra-

6. Paul Ricœur, *op. cit.*, p. 106.

lement du cinéma de Souleymane Cissé, c'est bien davantage la *relation diachronique entre "cinéma" et "culture"* : c'est parce qu'ils ne peuvent jamais être confondus, qu'on peut s'intéresser à ces relations entre "cinéma" et "culture".

La "culture" avait pu d'abord être rattachée à un engagement politique par les discours à propos des « cinémas du Tiers-Monde » qui ont émergé depuis les années 70. En fait, la notion de "culture" a été largement mise en avant au cours de cette nouvelle étape dans l'histoire des cinémas du monde. Et avant même d'y percevoir une logique identitaire – la "culture" comme autre nom d'une "différence" à l'égard de l'Occident –, il convient de reconnaître les *stratégies de réappropriation* qui se sont alors mises en place : de ce point de vue, un rapport artistique et cinématographique à la "culture" a précédé un rapport purement idéologique ou, plus simplement, rhétorique à cette même culture. Traditionnellement, l'adaptation est le mode de réappropriation de "textes culturels" qu'il convient d'étudier au cinéma. Les cinémas africains ont pu développer pour leur propre compte cette pratique. Nécessairement moins importante que pour des cinémas occidentaux héritiers de traditions littéraires qui vont aussi fonctionner comme des miroirs des milieux socioculturels, la question de l'adaptation est, pour les cinémas africains, davantage le lieu d'une hybridation culturelle. Elle est le résultat de la rencontre entre certains cinéastes africains et certaines œuvres occidentales ou, inversement, entre certains cinéastes occidentaux et certains récits ancrés dans des réservoirs culturels africains. A sa manière, *Yeelen* est une expression de cette hybridation culturelle – bien que ce point ait été minimisé (sinon contesté) par une partie de la critique cinématographique ou une anthropologie culturelle qui a notamment pu s'intéresser davantage aux films de Djibril Diop Mambety ou au phénomène du "film vidéo" au Nigéria et au Ghana.

D'autres aspects du film donnent à penser que Cissé ne se soucie guère de pureté (culturelle ou esthétique), en particulier quand il met en avant une forme de théâtralité (la rencontre entre Nianankoro et une hyène perchée dans un arbre), quand il mêle la mythologie bambara et la mythologie dogon, ou à travers les questions (et controverses) relatives aux langues et voix utilisées pour le doublage du film. Cissé, visiblement, a surtout eu à cœur de réaliser un film qui, sur le plan du contenu, satisfasse à ses critères politiques de représentation de la diversité et de l'unité d'un pays – le Mali – et qui, sur le plan de la forme, revête une forte dimension esthétique. Mais, forme et contenu réunis, *Yeelen* constitue d'abord un récit filmique dans lequel le spectateur pourra "entrer" et, éventuellement, aller plus loin. L'un des objectifs de cette étude était de montrer comment, en effet, *on peut aller plus loin.* Il s'agissait de confirmer l'intuition de Daney, énoncée en ouverture, mais en allant jusqu'au bout de ses soubassements herméneutiques, dans un effort qui va nous rappeler aussi à quel point *Yeelen* participe d'un héritage symbolique qui transcende les frontières culturelles et idéologiques qui sont parfois établies entre l'Europe et l'Afrique, même si cet héritage peut être, à l'ère des replis identitaires et des (néo-)conservatismes de tous bords, assez largement minimisé, voire être ignoré. La question de la langue pourrait résumer à elle seule celle d'une singularité des cultures ; ainsi, ne pourrait-on pas avoir complètement accès à une culture dans la mesure où nous ne maîtrisons pas l'un de ses éléments clés. Pourtant, prolongeant à sa façon l'interrogation de Daney en direction de cette question de la langue, Le Clézio non seulement ne situe pas le Bambara de *Yeelen* dans un rapport d'extériorité vis-à-vis d'un spectateur non-malien, mais il sous-entend fortement que c'est cette singularité même qui participe d'une universalisation du film.[7]

C'est peut-être le moment de reconsidérer les relations entre les cinémas d'Afrique et l'anthropologie sociale ou culturelle en les réintégrant aux problématiques poétiques et esthétiques discutées ici. Opposer le domaine plus directement artistique du cinéma et celui, scientifique, de l'anthropologie – comme c'est le cas dans une partie du discours de Cissé –, c'est encore se placer dans cette articulation entre "cinéma" et "culture", même s'il faut d'abord faire du cinéma un puissant outil d'exploration et d'enregistrement du "réel" – comme l'ont compris les anthropologues devenus, à leur tour, cinéastes. Sommes-nous, en définitive, dans une équation qui serait diamétralement opposée à celle qui est au fondement des cinémas africains de fiction ? Peut-on réellement dire que, du côté d'un cinéma africain, la culture serait, en quelque sorte, déjà là, achevée (et probablement idéalisée), et que le cinéma évoluerait, sans d'autres contraintes que matérielles et financières, au gré de la créativité et de l'imagination d'un réalisateur, tandis que, du côté de l'anthropologie, il s'agirait surtout (et seulement) d'adopter le point de vue de Sirius. Nombre de cinéastes, occidentaux ou africains, ont montré qu'une telle division du travail et des genres non seulement n'avait guère de sens mais n'était pas tenable : ainsi certains films de Jean Rouch – *Cocorico Monsieur Poulet* (1974), par exemple – ou encore Abderrahmane Sissako se mettant lui-même en

7. Jean-Marie G. Le Clézio, *idem*. Le Clézio et Cissé ont d'ailleurs eu l'occasion d'échanger sur le sujet lors d'une rencontre organisée au Louvre en novembre 2011.

scène dans *La Vie sur terre* (1998) dans une “œuvre de fiction” qui pourrait aussi bien être regardé comme un documentaire.

De plus, avant les développements récents allant dans le sens de ce qu'on a reconnu comme le résultat d'un processus d'hybridation, *Yeelen* est peut-être le film africain le plus proche d'une anthropologie culturelle contemporaine. Plus spécifiquement, il se situerait dans une perspective proche de celle d'un Clifford Geertz, à savoir un *travail d'interprétation de la culture depuis l'intérieur de cette culture même*. Il ne fait pas de doute que Cissé était engagé dans ce travail réflexif ; de là découle aussi un rapport avec la question de la post-modernité, même si on a pu voir qu'il n'était pas utile, pour notre recherche, de lui attribuer une trop grande importance – de la même façon, hypostasier la notion de modernité peut aboutir à d'autres impasses. En définitive, l'articulation entre “cinéma” et “culture” qu'on repère dans le film de Cissé doit être située sur un autre plan que celui de l'« anthropologie visuelle » ; par ailleurs, elle pourrait être appréhendée non pas à travers une (énième) réélaboration des « cultural studies » ou une approche sociologique traditionnelle mais dans le cadre de ce que Dudley Andrew définit comme une « herméneutique culturelle », c'est-à-dire une approche qui procède d'un travail d'interprétation actif et d'un échange entre des parties n'appartenant pas nécessairement aux mêmes « sphères culturelles ».[8] *Yeelen* est *par excellence* un film qui invite à un tel échange. Souleymane Cissé veut nous faire redécouvrir, à travers la culture, c'est-à-dire, au bout d'un certain temps, par-delà la culture, ce qui nous rassemble à travers le cinéma.

---

8. Dudley Andrew, *op. cit.*, notamment le chapitre 1.

BIOFILMOGRAPHIE DE SOULEYMANE CISSE

Souleymane Cissé est né à Bamako en 1940. Il a vécu à Dakar au cours de son adolescence jusqu'à l'éclatement de la Fédération du Mali en 1960, comme suite à la proclamation d'indépendance du Sénégal. Il retourne vivre au Mali. Il effectue un stage de photographe et projectionniste en 1961 dans l'ex-URSS, avant d'obtenir une bourse pour étudier au VGIK entre 1963 à 1969 – il y réalise trois films d'études. A son retour au Mali, il est engagé par le Service Cinématographique du Ministère de l'Information du Mali pour lequel il réalise un grand nombre de films d'actualités ou documentaires. Il achève également, en 1972, *Cinq jours d'une vie*, un court métrage relatant les déboires d'un jeune chômeur. Cette première œuvre de fiction en terre africaine recueille alors une forte attention au Festival de Carthage.

Trois ans plus tard, Cissé produit son premier long-métrage, *Den Muso* (*La jeune fille*), sur le suicide de Ténin, une jeune femme muette rejetée par sa famille après s'être retrouvée enceinte. *Den Muso* est interdit et Cissé effectue même un très bref séjour en prison. Après cette expérience, l'indépendance professionnelle n'est plus seulement une nécessité mais une urgence vitale ; Cissé fonde, en 1977, sa propre société de production, « Sise Filimu ». La censure de *Den Muso* est levée en 1978. Son deuxième long-métrage, *Baara* (*Le Travail*) sort la même année – il obtient le *Grand Prix Etalon de Yennenga* au Fespaco de 1979. Ce film revêt une dimension sociale et politique encore plus prégnante : Balla Traoré est un jeune ingénieur choqué par l'exploitation économique dans l'usine de textile qu'il supervise ; alors qu'il aide les ouvriers à se révolter, c'est son propre directeur qui le fera assassiner. L'engagement politique du cinéma de Cissé est encore consolidé par *Finyé* (*Le Vent*) qui sort en 1982 – le cinéaste obtient un nouveau *Grand Prix Etalon de Yennenga*, lors du Fespaco de 1983. Centré autour de l'histoire d'amour de deux étudiants que tout oppose – Bah est le petit-fils de Kansaye, un chef coutumier, et Batrou est la fille de Sangaré, le gouverneur militaire –, *Finyé* est un miroir dans lequel le pays reconnaîtra son image jusqu'à la chute du régime de Moussa Traoré en 1991 : la jeunesse proteste contre la falsification des examens ; Kansaye renonce à ses pouvoirs ancestraux et se rallie à leur cause ; le despotisme de Sangaré ne résistera pas à cette alliance nouvelle. Dans son ensemble, ce film constitue une réflexion complexe sur la culture et la politique.

Mais *Finyé* marque surtout une étape importante sur le plan stylistique. Car, malgré les contraintes matérielles et financières, Cissé aspire à la perfection formelle. Et après avoir contribué, notamment avec Ousmane Sembène, au développement du réalisme social, il souhaite apporter une contribution esthétique originale au concert des cinémas du monde. *Yeelen* (*La Lumière*) constitue, en 1987, l'aboutissement de tous les efforts du cinéaste. Cissé devient, avec cet Opus Magnum, le premier réalisateur d'Afrique subsaharienne à remporter un prix au Festival de Cannes – Prix du Jury Ex-aequo avec *Shinran ou la voix immaculée* de Rentaro Mikuni. Comme *Finyé*, *Yeelen* traite des tensions entre tradition et modernité à travers un conflit entre Soma, le chef de la société du Komo, et Nianankoro, son fils accusé de divulguer des secrets importants. Mais Cissé élabore surtout une esthétique cinématographique nouvelle. Le film est, dans son ensemble, d'une grande richesse ; de manière inédite, Cissé élève un récit de fiction à une "dimension anthropologique".

Au cours des années 1990, Cissé étend les dimensions de son territoire et filme *Waati* (*Le Temps*) en Afrique de l'Ouest (Côte d'Ivoire et Mali) et en Afrique du Sud. Dans sa confrontation avec les maux du continent, il est allé à la rencontre du plus symbolique d'entre eux : l'apartheid. Sur le seul plan thématique, *Waati* confirme que Cissé continue d'accorder un rôle central aux femmes dans les luttes qui sont encore à conduire, mais aussi dans ce qui serait l'identité même de l'Afrique. Une période moins fructueuse s'ouvre ensuite ; il faut attendre quatorze ans (2009) pour que Souleymane Cissé termine ce qui est, à ce jour, son dernier long-métrage, *Min Yé* (*Dis moi qui tu es*). Tout en reprenant des thèmes de sa filmographie – le problème de la polygamie est évoqué dans *Finyé* et tous les films précédents dénoncent le comportement des classes aisées –, le cinéaste revient avec *Min Yé* dans les réalités de la société malienne contemporaine. Un nouveau cycle commence qui a peu à voir avec les années 70 à 90. Sur le plan économique, cependant, les cinémas africains demeurent très fragiles. Cissé avait créé, en 1997, l'Union des Créateurs et Entrepreneurs du Cinéma et de l'Audiovisuel en Afrique de l'Ouest (UCECAO) afin de s'atteler à cette question. Les nouvelles technologies, comme la vidéo numérique, ont changé la donne. Cissé, comme les autres cinéastes africains, expérimente cette évolution – *Min Yé* a d'abord été conçu comme une série télévisée. D'une manière générale, le cinéma est beaucoup moins présent dans les grandes villes africaines aujourd'hui, rendant plus difficile ce qui avait quasiment été un habitus du réalisateur malien : faire des films qui font date.

Dix ans après *Waati* et avant la sortie de *Min Yé*, Souleymane Cissé identifiait la culture à la patience. C'était déjà de nombreuses années après qu'il ait été reconnu comme l'un des cinéastes (africains) les plus importants du XXème siècle. Alors qu'un nouveau millénaire est entamé, que les cinémas africains bénéficient d'une meilleure reconnaissance, et que le champ est ouvert aux nouvelles générations souhaitant explorer de nouveaux horizons, regarder rétrospectivement les films de Cissé revient à porter une attention particulière à son effort pour ancrer ceux-ci dans des contextes historiques, politiques, et culturels singuliers tout en prenant en compte ce qui, à l'évidence, stimule son inspiration et ses indignations : le rapport à la violence, l'importance de la connaissance et de l'éducation, et l'universalité des cultures humaines.

Filmographie générale

1965 *L'homme et les idoles*, 10 minutes, couleur (film d'étude).

1968 *Sources d'inspiration*, 10 minutes, noir et blanc (film d'étude).

1968 *L'aspirant*, 20 minutes, couleur (film d'étude).

1970 *Degal à Dialloubé*, 20 minutes, noir et blanc (documentaire).

1971 *Fête du Sanké*, 15 minutes, noir et blanc (documentaire).

1972	*Cinq jours d'une vie*, 50 minutes, noir et blanc.
1973	*Dixième anniversaire de l'Organisation de l'Unité Africaine*, 30 minutes, noir et blanc (documentaire).
1975	*Den Muso*, 88 minutes, couleur.
1978	*Baara*, 90 minutes, couleur.
1978	*Chanteurs traditionnels des Îles Seychelles*, 15 minutes, couleur (documentaire).
1982	*Finyé*, 100 minutes, couleur.
1987	*Yeelen*, 105 minutes, couleur.
1994	*Waati*, 140 minutes, couleur.
2009	*Min Yé*, 135 minutes, couleur.

Yeelen (*La Lumière*)

– 1987 –

Interprétation : Issiaka Kané (Nianankoro, le fils), Aoua Sangaré (Attou, la jeune femme peule), Niamanto Sanogo (Soma, le père de Nianankoro), Balla Moussa Keita (le roi peul), Soumba Traoré (Baniéba, la mère de Nianankoro), Ismaïla Sarr (Baffing, l'oncle de Nianankoro), Koké Sangaré (le chef du Komo), Youssouf Ténin Cissé (l'enfant), et Sidi Diallo, Brehima Doumbia, Seyba M'Baye, Djemori Traoré, Kadiatou Konaté, Youssouf Coulibaly, Sibiri Koné, Toumani Soumaoro, Dounanké Traoré, Zan Doumbia, Monzon Coumaré, Souleymane Coumaré, Tienan Fané, Sekou Konaté, Nadje Doumbia.

Réalisation : Souleymane Cissé ; *scénario et dialogues* : Souleymane Cissé ; *chefs-opérateurs* : Jean-Noël Ferragut et Jean-Michel Humeau ; *assistants opérateurs* : Bernard Tiphiné, Mamadou N'Diaye, ct Pascal Sautelet ; *assistants-réalisateurs* : Seydou Diallo et Ibrahim Sory Koïta ;

stagiaires réalisateurs : Edwin Angles, Seipati N'Xumalo et Ramadan Suleman ; *ingénieurs du son* : Daniel Olivier et Michel Mellier ; *perchmen* : Issa Traoré et Moustapha Dao ; *chef-décorateur* : Kossa Mody Keita ; *assistants décorateurs* : Lassana Djire, Yamaga Diarra, Fousseyni Sissoko ; *ensembliers* : Frédéric Duru, Boubacar Sibidé, et Mamadou Togola ; *chefs-électriciens* : Léopold Gomez et Olivier Barré ; *assistants électriciens* : Joany Compaoré, Arsène Hilbougou, Robert Ouédraogo, et Amadou Tani ; *effets spéciaux* : Frédéric Duru et Nicos Métélopoulos ; *chefs-machinistes* : Benoit Féréol, Abel Naba, et Mamadou Cissé ; *scripts* : Sékou Ouédraogo, Fanta Traoré, et Kadidiatou Diallo ; *photographes de plateau* : Marcelin Diarra et Ismaïla Cissé ; *monteurs* : Dounamba Coulibaly, Andrée Davanture, Marie-Catherine Miqueau, Jenny Frenck et Seipati N'Xumalo ; *musique* : Michel Portal, avec la participation de Salif Keita ; *traducteurs* : Balla Moussa Keita, Youssouf Tata Cissé, Bassidiki Touré, et Thérèse-Marie Deffontaines.

Production : Souleymane Cissé ; *délégués à la production* : Youssouf Coulibaly, Salif Traoré, et Kadiatou Konaté ; *producteur exécutif* : Sise Filimu / Les Films Cissé ; *producteurs délégués à l'étranger* : Atriascop, Midas S.A ; *coproduction* : Sise Filimu / Les Films Cissé, Gouvernement malien, Ladji Sékou Cissé, Ousmane Cissé, Modibo Kané, CMDT, ODEM, PRODESO, AMAP, DND, DNFLA, et DHU (Mali), Ministère de l'Information et de la Culture et Direction de la production cinématographique (Burkina Faso), Ministères de la Coopération et du Développement, des Relations Extérieures et de la Culture (France), CNC (France), UTA (France), Television WDR(Allemagne), Fuji (Japon).

Version en bambara sous-titrée en français ; il existe une version sous-titrée en allemand, une version française, et une version sous-titrée en anglais. *Lieux de tournages* : les communes maliennes de Dilly, Sangha, Mountougoula, Falani, Hombori, et Mopti. 105 minutes, 35 mm, couleur.

Résumé : Dans une Afrique immémoriale, Nianankoro est pourchassé par son père, Soma, le chef de la société du Komo, qui craint de le voir dévoiler les secrets de cette puissante société d'initiation bambara. Le jeune homme est contraint de fuir, d'abord en compagnie de sa mère, puis seul. Son parcours, qui va progressivement prendre la forme d'une quête initiatique se poursuit en pays peul où, après avoir couru tous les dangers et mis en pratique sa magie, il prendra femme. Le pays dogon forme le décor de la dernière étape. Nianankoro y retrouve le frère jumeau de son père, avant d'affronter de manière apocalyptique ce dernier. A l'opposé de Soma accusé de despotisme, l'enfant de Nianankoro apparaît comme le symbole du relais des générations, le résultat d'une quête réussie.

AUTRES FILMS CITES

N.B. : je ne mentionne, dans la filmographie ci-dessous, que la nationalité des réalisateurs concernés, et non pas, comme c'est parfois l'habitude, les pays producteurs.

2001-Odyssée de l'espace de Stanley Kubrick, fiction, 139 minutes, USA, 1968.

A be munumunu d'Etienne Carton de Grammont, documentaire, 27 minutes, France, 1987.

Afrique-sur-Seine de Robert Caristan, Jacques Mélo Kane, Mamadou Sarr, et Paulin Soumanou Vieyra, fiction, 21 minutes, Bénin / France / Sénégal, 1955.

Bouka de Roger Gnoan M'bala, fiction, 90 minutes, Côte d'Ivoire, 1988.

Camp de Thiaroye d'Ousmane Sembène, fiction, 147 minutes, Sénégal, 1987.

Carnet de notes pour une Orestie africaine de Pier Paolo Pasolini, documentaire, 65 minutes, Italie, 1970.

Ceddo d'Ousmane Sembène, fiction, 120 minutes, Sénégal, 1976.

Cimetière dans la falaise de Jean Rouch, documentaire, 19 minutes, France, 1950.

Cobra Verde de Werner Herzog, fiction, 111 minutes, Allemagne, 1987.

Cocorico Monsieur Poulet de Jean Rouch, fiction, 93 minutes, France, 1974.

Genèse (La) de Cheick Oumar Sissoko, fiction, 102 minutes, Mali, 1999.

Heure des brasiers (L') de Fernando Solanas et Octavio Getino, documentaire, 190 minutes, Argentine, 1968.

Hyènes de Djibril Diop Mambety, fiction, 110 minutes, Sénégal, 1992.

Maîtres fous (Les) de Jean Rouch, documentaire, 36 minutes, France, 1955.

Moi, un Noir de Jean Rouch, docu-fiction, 73 minutes, France, 1958.

Octobre de Sergueï Eisenstein, fiction, 103 minutes, URSS, 1927.

Otun Oje de Roger Nahum, fiction, 80 minutes, Bénin, 1991.

Perfumed Nightmare (The) de Kidlat Tahimik, fiction, 91 minutes, Philippines, 1977.

Revanche de Lucy (La) de Janusz Mrozowski, fiction, 90 minutes, Pologne / France, 1997.

Rouch in Reverse de Manthia Diawara, documentaire, 52 minutes, Mali / USA, 1995.

Sacrifice (Le) d'Andreï Tarkovski, fiction, 145 minutes, URSS / France / Italie, 1986.

Shinran ou la voix immaculée de Rentaro Mikuni, fiction, 140 minutes, Japon, 1987.

Sigui 1967 : l'enclume du Yougo de Jean Rouch, documentaire, 38 minutes, France, 1967.

Sigui 1968 : les danseurs de Tyogou de Jean Rouch, documentaire, 27 minutes, France, 1968.

Sigui 1969 : la caverne de Bongo de Jean Rouch, documentaire, 40 minutes, France, 1969.

Sigui 1970 : les clameurs d'Amani de Jean Rouch, documentaire, 35 minutes, France, 1970.

Sigui 1971 : la dune d'Idyeli de Jean Rouch, documentaire, 56 minutes, France, 1971.

Sigui 1972 : les pagnes de lame de Jean Rouch, documentaire, 50 minutes, France, 1972.

Sigui 1974 : l'auvent de la circoncision de Jean Rouch, documentaire, 18 minutes, France, 1974.

Souleymane Cissé de Philippe Fréling, documentaire, 13 minutes, France, 2000.

Souleymane Cissé de Rithy Panh, documentaire, 52 minutes, Cambodge / France, 1991.

Star Wars de Georges Lucas, fiction, 125 minutes, USA, 1977.

Statues meurent aussi (Les) de Chris Marker et Alain Resnais, documentaire, 30 minutes, France, 1953.

Touki Bouki de Djibril Diop Mambety, fiction, 93 minutes, Sénégal, 1973.

Vie sur terre (La) d'Abderrahmane Sissako, docu-fiction, 61 minutes, Mauritanie, 1998.

Y'a bon les blancs de Marco Ferreri, fiction, 98 minutes, Italie, 1988.

Z de Costa-Gavras, fiction, 127 minutes, Grèce / France, 1969.

BIBLIOGRAPHIE

N.B. : en plus de celles qui apparaissent en notes de bas de page, cette bibliographie mentionne les références qui m'ont été utiles, d'une façon ou d'une autre, dans la réalisation de cette étude.

Amselle Jean-Loup, « L'anthropologie au deuxième degré. A propos de "La mission Griaule à Kangaba (Mali)" de Walter E. A. van Beek et Jan Jansen », *Cahiers d'études africaines*, no. 160, 2000, pp. 775-777.

Amselle Jean-Loup, *Branchements. Anthropologie de l'universalité des cultures*, Paris, Flammarion, 2001.

Amselle Jean-Loup, *L'anthropologue et le politique*, Paris, Éditions Lignes, 2012.

Andrew Dudley avec Joubert-Laurencin Hervé, (dir.) *Opening Bazin. Postwar Film Theory and Its Afterlife*, New York, Oxford University Press, 2011.

Andrew Dudley, « Falaises sacrées et espaces communs », *Iris*, no. 18, 1995, pp. 113-124.

Andrew Dudley, « L'Afrique vue par le cinéma français pendant l'époque coloniale », in *L'Autre et le Sacré*, C. W. Thompson (dir.), Paris, L'harmattan, 1995, pp. 283-305.

Andrew Dudley, « The Roots of the Nomadic : Gilles Deleuze and the Cinema of West Africa », in *The Brain is the Screen. Gilles Deleuze and the Philosophy of Cinema*, G. Flaxman (dir.), Minneapolis, University of Minnesota Press, 2000, pp. 215-249.

Andrew Dudley, *Mists of Regret. Culture and Sensibility in Classic French Film*, Princeton, Princeton University Press, 1995.

Andrew Dudley, *What Cinema Is! Bazin's Quest and its Charge*, Chichester, Whiley-Blackwell, 2010.

Appiah Kwame Anthony, *In My Father's House: Africa in the Philosophy of Culture*, London, Methuen, 1992.

Aristote, *Poétique*, Paris, Belles Lettres, 1995.

Armes Roy et Lizbeth Malkmus, *Arab and African Filmmaking*, London/New Jersey, Zed Books, 1991.

Augé Marc, *Génie du paganisme*, Paris, Gallimard, 1982.

Aumont Jacques, Bergala Alain, Marie Michel et Vernet Marc, (1983), *Esthétique du film*, Paris, Nathan, 1994.

Bachy Victor, *Le cinéma au Mali*, Bruxelles / Paris, OCIC / L'harmattan, 1983.

Bakhtine Mikhaïl (1929), *Le marxisme et la philosophie du langage*, Paris, Editions de Minuit, 1977.

Barlet Olivier, *Les cinémas d'Afrique noire. Le regard en question*, Paris, L'harmattan, 1996.

Barthes Roland, *La Chambre claire : note sur la photographie*, Paris, Gallimard / Seuil/ Cahiers du cinéma, 1980.

Bazin André (1958), *Qu'est-ce que le cinéma ?*, Paris, Editions du Cerf, 1994.

Benabdessadok Cherifa, « Baara : les héros du quotidien », *Afrique-Asie*, 3 décembre 1984, pp. 63-64.

Benjamin Walter (1936), « L'œuvre d'art à l'époque de sa reproduction mécanisée », in *Ecrits français*, Paris, Gallimard, 1991, pp. 140-171.

Binet Jacques et Touré Kitia, « Entretien avec Souleymane Cissé », *Positif*, no. 322, décembre 1987, pp. 8-10. (Entretien avec Cissé.)

Binet Jacques, « Le sacré dans le cinéma négro-africain (suivi de post-scriptum sur Ceddo) », *Positif*, no. 235, octobre 1980, pp. 44-49 et p. 53.

Binet Jacques, « Oedipus Negro », *Positif*, no. 322, décembre 1987, pp. 4-7.

Bordwell David and Thompson Kristin (1979), *Film Art: An Introduction*, New York, McGraw-Hill, 2009.

Boughedir Ferid, *Le cinéma africain de A à Z*, Bruxelles, OCIC, 1987.

Bourdieu Pierre (1979), *La distinction. Critique sociale du jugement*, Paris, Editions de Minuit, 1982.

Bruckner Pascal, *Le Sanglot de l'homme blanc*, Paris, Editions du Seuil, 1983.

Cassirer Ernst (1929), *La Philosophie des formes symboliques*, vol. 3, Paris, Editions de Minuit, 1972.

Cervoni Jean (1965), « Le cinéma et l'Afrique (Rencontre Jean-Rouch / Sembène Ousmane) », *CinémAction*, no. 81, 1996, pp. 104-106.

Césaire Aimé, *Discours sur le colonialisme*, Paris, Présence Africaine, 1955.

Chanan Michael, « Le troisième cinéma de Solanas et Getino », *CinémAction*, no. 60, 1991, pp. 215-222.

Cissé Souleymane, « Yeelen », *Cahiers du Cinéma*, no. 400 (supplément), octobre 1987, p. 13.

Cissé Youssouf Tata, « Le sacrifice chez les Bambara et les Malinké », in *Systèmes de pensée en Afrique Noire*, CNRS, Ivry, 1981, pp. 23-60.

Cognet Christophe, « Le chant de Soma », *Théorème*, no. 3, 1994, pp. 169-176.

Collectif, « Rencontre avec Cissé », *Calao*, mai-juin 1983, pp. 3-5. (Entretien avec Cissé.)

Collectif, *Cultural Studies. Genèse, objets, traductions*, Paris, BPI / Centre Pompidou, 2010.

Colleyn Jean-Paul (dir.), *Jean Rouch, cinéma et anthropologie*, Paris, Cahiers du cinéma / INA, 2009.

Coquery-Vidrovitch Catherine, *Enjeux politiques de l'histoire coloniale*, Paris, Agone, 2009.

Daney Serge (1983), *La rampe. Cahier critique 1970-1982*, Paris, Cahiers du Cinéma / Gallimard, 1996.

Daney Serge, « Cissé très bien, qu'on se le dise », *Libération*, 9-10 mai 1987, pp. 24-25.

De Baecque Antoine, « Cela s'appelle l'aurore », *Cahiers du cinéma*, no. 402, 1987, pp. 24-27.

De Ganay Solange, «Notes sur la théodicée bambara », in *Revue de l'Histoire des Religions*, vol. CXXXV, no. 2-3, Paris, avril-juin 1949, pp.187-213.

De Heusch Luc, « Jean Rouch et la naissance de l'anthropologie visuelle. Brève histoire du Comité international du film ethnographique », *L'Homme*, 2006 / 4, no. 180, pp. 43-71.

Debrix Jean-René, « Le cinéma africain », *Afrique contemporaine*, no. 38-39, 1968, pp. 7-12.

Deleuze Gilles et Guattari Félix, *Mille plateaux. Capitalisme et schizophrénie 2*, Paris, Editions de Minuit, 1980.

Deleuze Gilles, *L'Image-mouvement. Cinéma 1*, Paris, Editions de Minuit, 1983.

Deleuze Gilles, *L'Image-temps. Cinéma 2*, Paris, Editions de Minuit, 1985.

Descola Philippe, *Par-delà nature et culture*, Paris, Gallimard, 2005.

Diawara Manthia, *African Cinema. Politics and Culture*, Bloomington, Indiana University Press, 1992.

Diawara Manthia, *African Film: New Forms of Aesthetics and Politics*, London, Prestel, 2010.

Dieterlen Germaine et Cissé Youssouf Tata, *Les fondements de la société d'initiation du Komo*, Paris / La Haye, Mouton, 1972.

Dieterlen Germaine, *Essai sur la religion bambara*, Bruxelles, Editions Université de Bruxelles, 1988.

Diop Carmen, « Jean Rouch : l'anthropologie autrement », *Journal des anthropologues*, no. 110-111, 2007, pp. 185-205.

Diop Cheikh Anta, *Civilisation ou barbarie. Anthropologie sans complaisance*, Paris, Présence Africaine, 1981.

Dosse François et Frodon Jean-Michel, *Gilles Deleuze et les images*, Paris, Cahiers du cinéma / INA, 2008.

Edelhajt Boleslawe, « Entretien avec Andreï Tarkovski », *Cahiers du Cinéma*, no. 392, février 1987, pp. 36-41.

Eisenstein Sergueï, *Le mouvement de l'art*, (ed. F. Albera et N. Kleiman), Paris, Editions du Cerf, 1986.

Elhelm Philippe et Waldmann Claude, « Vers les sources de la lumière », *Cinergie*, août 1988, pp. 5-6. (Entretien avec Cissé.)

Ethis Emmanuel (2005), *Sociologie du cinéma et de ses publics*, Paris, Armand Colin, 2009.

Fairhead James et Leach Melissa, « Représentations culturelles africaines et gestion de l'environnement », *Politique Africaine*, no. 53, Paris, mars 1994, pp. 11-24.

Fanon Frantz (1961), *Les Damnés de la terre*, Paris, Gallimard, 1991.

Frodon Jean-Michel (dir.), *Au Sud du cinéma. Films d'Afrique, d'Asie, et d'Amérique latine*, Paris, Cahiers du cinéma / Arte Editions, 2004.

Gabriel Testhome Habte, « Third Cinema as Guardian of Popular Memory : Towards a Third Aesthetics », in

Questions of Third Cinema, J. Pines et P. Willemen (dir.), London, BFI, 1994, pp. 53-64.

Gaillac Jean-Yves et Morgue Tify, « Entretien avec Souleymane Cissé », *Le Film Africain*, 21 avril 1995, pp. 2-3.

Geertz Clifford, *The Interpretation of Cultures,* New York, Basic Books, 1973.

Génin Bernard « Souleymane Cissé, réalisateur de Yeelen », *Télérama*, no. 1987, 2 décembre 1987, p. 32. (Entretien avec Cissé.)

Gentile Philip, « In the Midst of Secrets: Souleymane Cissé's *Yeelen* », *Iris*, no. 18, 1995, pp. 125-135.

Girard René, *La violence et le sacré*, Paris, Grasset, 1972.

Goodman Nelson (1976), *Langages de l'art. Une approche de la théorie des symboles*, Paris, Hachette, 2005.

Goodman Nelson et Elzin Catherine Z. (1988), *Reconceptions en philosophie dans d'autres arts et dans d'autres sciences*, Paris, PUF, 1994.

Goutier Hegel, « We make films...but we do not exist », *The Courier*, no. 160, novembre-décembre 1996, pp. 80-82. (Entretien avec Cissé.)

Griaule Marcel (1948), *Dieu d'eau. Entretiens avec Ogotemmêli*, Paris, Fayard, 1966.

Guibert Hervé, « La conscience et l'espoir », *Le Monde*, 21 avril 1983, p.15. (Entretien avec Cissé.)

Gunning Tom « The World in Its Own Image. The Myth of Total Cinema », in *Opening Bazin. Postwar Film Theory and Its Afterlife*, New-York, Oxford University Press, 2011, pp. 119-126.

Hadj-Moussa Ratiba et Perusse Denise, « L'arbre de la connaissance. *Yeelen* de Souleymane Cissé », in *Films d'Afrique*, M. Larouche (dir.), Montréal, Guernica, 1991, pp. 113-126.

Haffner Pierre, « Les avis de cinq cinéastes d'Afrique noire », *CinémAction*, no. 81, 1996, pp. 89-103.

Haffner Pierre, « Une socio-esthétique du cinéma africain », in *Regards sur le cinéma africain*, Bruxelles, OCIC, 1987, pp. 49-68.

Hampâté Bâ Amadou, « Le dit du cinéma africain », in *Premier catalogue sélectif international de films ethnographiques sur l'Afrique noire*, Paris, UNESCO, 1967, pp. 9-19.

Hansen Miriam Bratu, *Cinema and experience. Siegfried Kracauer, Walter Benjamin, Theodor W. Adorno*, Berkeley, California University Press, 2011

Harrow Kenneth W., *Postcolonial African Cinema. From Political Engagement to Postmodernism*, Bloomington / Indianapolis, Indiana University Press, 2007.

Hegel Georg W. F. (1807), *Phénoménologie de l'esprit*, Paris, Vrin, 2006.

Hennebelle Guy, « Entretien avec Jean-René Debrix », *L'Afrique littéraire et artistique*, no. 43, 1977, pp. 77-89.

Hennebelle Guy, « Entretien avec Sembène Ousmane », *L'Afrique littéraire et artistique*, no. 49, 1978, pp. 116-126.

Hennebelle Guy, « Vers un cinéma malien ? », *Afrique-Asie*, 14 mai 1973, p. 46. (Entretien avec Cissé.)

Heymann Danielle, « Dans la lumière de *Yeelen* », *Le Monde*, 29-30 novembre 1987, p. 10.

Heymann Danielle, « Je crée en marchant », *Le Monde*, 29-30 novembre 1987, p. 10. (Entretien avec Cissé.)

Heymann Danielle, « Souleymane Cissé, l'Africain pluriel », *Le Monde*, 8 juin 1995, pp. 12-13.

Jaeggi Bruno, « Le cinéma au Mali », *Documentation n°5 publications Trigon-Film*, Rodersdorf, 1996, pp. 6-9.

Jameson Fredric (1992), *The Geopolitical Aesthetics. Cinema and Space in the World System*, London, BFI, 1995.

Jauss Hans Robert (1972), *Pour une esthétique de la réception*, Paris, Gallimard, 1978.

Jeong Seung-Hoon, « Animals. An Adventure in Bazin's Ontology », in *Opening Bazin, Postwar Film Theory and Its Afterlife*, New-York, Oxford University Press, 2011, pp. 177-185).

Kant Emmanuel (1790), *Critique de la faculté de juger*, Paris, Aubier, 1995.

Kracauer Siegfried (1960), *Théorie du film. La rédemption de la réalité matérielle*, Paris, Flammarion, 2010.

L'Avant-scène cinéma, *Yeelen (La Lumière), un film de Souleymane Cissé*, no. 476, novembre 1998.

Lacan Jacques, *Ecrits*, Paris, Editions du Seuil, 1966.

Lalanne Jean-Marc et Strauss Frédéric, « Entretien avec Cissé », *Cahiers du Cinéma*, no. 492, juin 1995, pp. 54-58.

Le Clézio Jean-Marie Gustave, *Ballaciner*, Paris, Gallimard, 2007.

Lelièvre Samuel (dir.), *Cinémas africains, une oasis dans le désert ?*, *CinémAction*, no. 106, Paris, Corlet / Télérama, 2003.

Lelièvre Samuel, « Cissé, Souleymane », *International Dictionary of Films and Filmmakers*, Detroit, St James Press, 2001, pp. 189-191.

Lelièvre Samuel, « Enjeux interprétatifs de la féminité dans l'écriture de Souleymane Cissé », *Cinémas*, vol. 11, no. 1, 2000, pp. 61-76.

Lelievre Samuel, « Histoire, mémoire, et légitimation politique dans les cinémas africains », *Revue de l'Université de Moncton*, vol. 40, no. 1, 2009, pp. 5-31.

Lelièvre Samuel, « Les cinémas africains dans l'histoire. D'une historiographie (éthique) à venir », *1895, Revue d'histoire du cinéma*, no. 69, 2013.

Lelièvre Samuel, « Les cinémas africains, Abderrahmane Sissako et les frontières du monde », *CinémAction*, no. 137, 2010, pp. 182-185.

Lelièvre Samuel, « Les festivals, acteurs incontournables de la diffusion du cinéma africain », *Afrique contemporaine*, no. 238, 2011, pp. 126-128.

Lelievre Samuel, « Les nourritures des cinémas africains », *CinémAction*, no. 108, 2003, pp. 264-271.

Lelièvre Samuel, « Souleymane Cissé ou l'universel singulier », *Rencontres cinématographiques de la Seine-Saint-Denis*, novembre 2011, pp. 14-15.

Lelièvre Samuel, *Le cinéma paradoxal de Souleymane Cissé. Une approche de l'altérité du film africain*, Lille, ANRT (no. 31279), 1999.

Levieux Michèle, « La longue résistance de l'Afrique vue par Souleymane Cissé », *L'Humanité*, 17 mai 1995, pp. 24-25. (Entretien avec Cissé.)

Levinson Jerrold (1990), *L'art, la musique, l'histoire*, Paris, Editions de l'Eclat, 1998.

Levinson Jerrold, « Contextualisme esthétique », *Philosophiques*, vol. 32, no. 1, 2005, pp. 125-133.

Levinson Jerrold, « Seeing, Imaginarily, at the Movies » *The Philosophical Quarterly*, vol. 43, no. 170, 1993, pp. 70-78.

Lévi-Strauss Claude, *Anthropologie structurale II*, Paris, Plon, 1973.

Louarn Jean-Jacques, « Le cinéma africain est mal parti », *Faim et Développement*, mars 1990, p. 19. (Entretien avec Cissé.)

Lourdou Philippe, « Germaine Dieterlen ou la nécessité du regard », *Journal des africanistes*, t. 71, fasc. 1. 2001, pp. 77-81.

Lyotard Jean-François, *La Condition postmoderne. Rapport sur le savoir*, Paris, Editions de Minuit, 1979.

Maïga Mahmoud Alpha, « Question d'accent », *Africa international*, no. 231, 1990, pp. 64-65.

Mauss Marcel (1925), *Essai sur le don. Forme et raison de l'échange dans les sociétés archaïques*, Paris, PUF, 2007.

Mazrui Ali, *The Africans: A Triple Heritage*, Boston, Little, Brown and Company, 1986.

Mbembe Achille, *Sortir de la grande nuit : Essai sur l'Afrique décolonisée*, Paris, La Découverte, 2010.

Merleau-Ponty Maurice (1945), *Le cinéma et la nouvelle psychologie*, Paris, Gallimard, 2009.

Michel Johann, « Narrativité, narration, narratologie : du concept ricœurien d'identité narrative aux sciences sociales », *Revue européenne des sciences sociales*, no.125, XLI, 2003, pp. 125-142.

Michel Johann., *Ricœur et ses contemporains. Bourdieu, Derrida, Foucault, Deleuze, Castoriadis*, Paris, PUF, 2013.

Mimoun Mouloud et al., « *Le Vent*, cette ouverture sur le monde », *Les deux écrans*, no. 47-48, juillet 1982, pp. 20-22. (Entretien avec Cissé.)

Mondzain Marie-Josée, *Homo spectator. De la fabrication à la manipulation des images*, Paris, Bayard, 2007.

Morin Edgar, *Le cinéma ou l'homme imaginaire. Essai d'Anthropologie sociologique,* Paris, Editions de Minuit, 1956.

Odin Roger, *De la fiction*, Bruxelles, De Boeck Université, 2000.

Ollier Brigitte, « Cissé : On peut se dire que c'est purement de la magie », *Libération*, 2 décembre 1987, p. 34. (Entretien avec Cissé.)

Ortigues Marie-Cécile et Edmond, *Œdipe africain*, Paris, L'harmattan, 1984.

Pfaff Françoise, *Twenty-Five Black African Filmmakers : A Critical Study*, Wesport, Greenwood Press, 1988.

Piault Marc-Henri, « Une pensée fertile », *CinémAction*, no. 81, 1996, pp. 46-55.

Pines Jim and Willemen Paul (dir.) (1989), *Questions of Third Cinema*, London, BFI, 1994.

Poncelet Marc, *Une utopie post-tiers-mondiste. La dimension culturelle du développement*, Paris, L'harmattan, 1994.

Ricard Alain, *Littératures d'Afrique noire. Des langues aux livres*, Paris, Karthala / CNRS, 1995.

Ricœur Paul, *Du texte à l'action. Essais d'herméneutique II*, Paris, Editions du Seuil, 1986.

Ricœur Paul, *Ecrits et conférences II. Herméneutique*, Paris, Editions du Seuil, 2010.

Ricœur Paul, *Histoire et vérité*, Paris, Editions du Seuil, 1955.

Ricœur Paul, *Le conflit des interprétations. Herméneutique I*, Paris, Editions du Seuil, 1969.

Ricœur Paul, *Lectures on Imagination*, ed. G. H. Taylor, Paris, Fonds Ricœur / ITP, 2005.

Ricœur Paul, *Soi-même comme un autre*, Paris, Editions du Seuil, 1990.

Ricœur Paul, *Temps et récit I. L'intrigue et le récit historique*, Paris, Editions du Seuil, 1983.

Ricœur Paul, *Temps et récit II. La configuration dans le récit de fiction*, Paris, Editions du Seuil, 1985.

Ricœur Paul, *Temps et récit III. Le temps raconté,* Paris, Editions du Seuil, 1985.

Rohmer Eric, *Le goût de la beauté*, Paris, Editions de l'Etoile / Cahiers du cinéma, 1984.

Rouch Jean (1961), « Situation et tendance du cinéma en Afrique », in *Catalogue films ethnographiques sur l'Afrique noire*, Paris, UNESCO, 1967, pp. 374-408.

Rouch Jean, « Le film ethnographique » in *Ethnologie générale*, Paris, Gallimard, 1968, pp. 429-471.

Ruelle Catherine, « Bourrasques au Mali », *Magazine Littéraire*, mai 1983, p. 44. (Entretien avec S. Cissé).

Sartre Jean-Paul (1940), *L'imaginaire. Psychologie phénoménologique de l'imagination,* Paris, Gallimard, 1986.

Senga Jean-François, « Souleymane Cissé, cinéaste malien », *Présence Africaine*, no. 144, 1987, pp. 133-138. (Entretien avec Cissé.)

Senghor Léopold Sédar, *Liberté 5 : Le Dialogue des cultures*, Paris, Editions du Seuil, 1992.

Serceau Michel, « Le cinéma africain aux sources et aux frontières du récit », *CinémAction*, no. 106, 2003, pp. 27-34.

Serceau Michel, « Le Vent (Finyé) », *CinémAction*, no. 26, 1983, p. 14.

Solanas Fernando et Getino Octavio, *Cine : Cultura y Descolonizacion*, Buenos Aires, Siglo XXI Argentino Editores, 1973.

Stern Yvan, « Yeelen », brochure du *Festival International de Films de Fribourg* (ex. « Festival des films du Tiers-Monde de Fribourg »), 1987-1988, pp. 35-38. (Entretien avec Cissé.)

Tackels Bruno, « Où va le métis ? Essai sur le cinéma africain », *Iris*, no. 18, 1995, pp. 47-60.

Tarkovski Andreï, *Le Temps scellé. De L'Enfance d'Ivan au Sacrifice*, Paris, Cahiers du Cinéma/Editions de l'Étoile, 1989.

Tesson Charles, « L'Afrique dans la lumière. Propos de Souleymane Cissé », *Cahiers du cinéma*, no. 402, décembre 1987, pp. 28-31. (Entretien avec Cissé.)

Thompson Christopher W. (dir.), *L'autre et le sacré, surréalisme, cinéma, ethnologie*, Paris, L'harmattan, 1995.

Valéry Paul, *Cahiers, tome 1*, Paris, Gallimard, 1973.
Virilio Paul (1980), *Esthétique de la disparition*, Paris, Galilée, 1989.
Willemen Paul, *Looks and Frictions. Essays in Cultural Studies and Film Theory*, London, BFI, 1994.
Willoquet-Maricondi Paula (dir.), *Framing the World. Explorations in Ecocriticism and Film*, Charlottesville, University of Virginia Press, 2010.
Wind Edgar (1963), *Art et Anarchie*, Paris, Gallimard, 1988.

INDEX DES NOMS

N.B. : cet index n'inclut pas les occurrences relatives à la biofilmographie de S. Cissé, pages 175 à 181.

TABLE DES MATIERES

Cinéma et Photographie aux éditions L'Harmattan

Dernières parutions

12 VERTUS POUR L'ANALYSE FILMIQUE
Serceau Daniel
En matière d'analyse filmique, les oeuvres qui comptent se distinguent par leur extrême rigueur et nous obligent à une grande précision de pensée. Cet ouvrage élabore douze principes, dits «vertueux» qui permettent d'en rendre compte. Ils ne proposent pas une méthode qu'il suffirait d'appliquer mécaniquement, mais un instrument de validation des énoncés à partir d'une observation scrupuleuse des images et ses sons.
(Coll. Arts et Sciences de l'art, 26.00 euros, 258 p.)
ISBN : 978-2-336-00692-5, ISBN EBOOK : 978-2-296-51334-1

ARC (L') D'ALFRED HITCHCOCK – Un jeu de cordes – Poétique de l'objet
Decobert Lydie
La «corde poétique» s'exprime à travers les usages inédits d'objets on ne peut plus ordinaires. Multifonctions, en dysfonctionnement, utilisés à contre-emploi, démarqués ou détournés, pervertis, les objets du quotidien se voient investis d'un pouvoir terrifiant. Comment Hitchcok procède-t-il pour charger de sens et investir d'une puissante subjectivité des objets neutres tels un briquet, une clé, un couteau ou un sac ? Comment parvient-il à travers eux à prendre contrôle de l'univers ?
(Coll. Champs visuels, 22.50 euros, 226 p.)
ISBN : 978-2-336-29071-3, ISBN EBOOK : 978-2-296-51306-8

EXPÉDITION (L') COLONIALE VOULET-CHANOINE DANS LES LIVRES ET À L'ÉCRAN
Yahaya Ibrahim - Préface de Romuald Fonkoua
Cet ouvrage est une étude sur la très controversée expédition «Afrique centrale», communément appelée la colonne Voulet-Chanoine, du nom de ses deux chefs. Leur mission, conquérir les régions du Niger au Tchad, s'est soldée par un cocktail de violences sur les colonisés. Cette situation a conduit cinéastes et écrivains français et africains à en fictionnaliser l'histoire. Voici étudié ce fait historique colonial, à travers romans, films et récits militaires inspirés par cet évènement.
(Coll. Images Plurielles, 39.00 euros, 404 p.)
ISBN : 978-2-336-29002-7, ISBN EBOOK : 978-2-296-51270-2

PAYSAGES TRANSITOIRES – Photographie & urbanité
Deroche Benjamin - Préface d'Alain Mons
Comment dire la ville avec l'autonomie de la photographie ? De quelle manière peut-elle rendre compte du territoire physique et de sa communauté de citoyens ? Ce livre soutient, au fil des pages, une vision de la photographie

où l'image urbaine peut être lue aussi bien par un urbaniste, un plasticien ou un archiviste. Aussi, loin d'effectuer une topographie du site urbain, il défend celle de l'idée des images autour de la ville et de leur fonctionnement, la photographie servant essentiellement de relais à la construction du sens.
(Coll. Eidos Série Photographie, 18.00 euros, 182 p.)
ISBN : 978-2-296-99753-0, ISBN EBOOK : 978-2-296-51305-1

PHOTOGRAPHIE (LA) COMME MÉTAPHORE D'ELLE-MÊME
Brunel David
Le thème général de cet essai relève d'un partage de l'image photographique. Cette dernière est présentée comme une chose jumelée, prise en étau entre contenant et contenu, entre ce qu'elle montre et ce qu'elle cache, entre copie et simulacre, entre support, soit le corps de l'image, et surface, soit le visage de l'image. C'est à partir de ces points de rencontre, d'achoppement, d'instabilité, que l'image a été réfléchie.
(Coll. Ouverture Philosophique, série Esthétique, 31.50 euros, 316 p.)
ISBN : 978-2-336-00372-6, ISBN EBOOK : 978-2-296-51299-3

ROUGE (LE) DE CHINE
Richard Jacques
Cinq personnages romantiques partagent leur vie dans un vaste château. Chacun à sa manière est à la recherche d'un absolu : J. erre dans les cimetières, B. astique des armes, C. provoque des aventures amoureuses, A. parcourt les forêts sur son cheval, et F. répète dans un groupe rock. Différents états d'âme les traversent... Sonorisé avec la voix d'Antonin Artaud, tourné avec un procédé photographique très contrasté, *Le Rouge de Chine* renvoie aux origines du cinématographe.
(20.00 euros) *ISBN : 978-2-336-00789-2*

IMAGE (L') NUMÉRIQUE AU CINÉMA
Historique, esthétique et techniques d'une révolution technologique
Lemieux Philippe
Depuis l'avènement des technologies informatiques, une nouvelle sorte d'image existe : l'image numérique. Créée à l'aide de l'ordinateur, cette image de synthèse fera la rencontre du 7e art ; elle transformera le cinéma. L'esthétique de l'image, les méthodes de production, les possibilités expressives du média et même la mise sur le marché des films en seront profondément bouleversés.
(Coll. Champs visuels, 27.00 euros, 268 p.)
ISBN : 978-2-296-99493-5, ISBN EBOOK : 978-2-296-50725-8

AU BOUT DU RÊVE – La Belle au Bois Dormant de Walt Disney
Bosc Michel
Après une période de purgatoire, *La Belle au Bois Dormant* a pris place au panthéon des chefs-d'oeuvre de Walt Disney. Cette réussite est survenue après une longue maturation semée d'embuches et de défis de toutes sortes. Cet ouvrage propose de la situer dans le parcours personnel de Walt Disney et dans la production des studios. Il tente enfin de cerner l'influence du film dans l'oeuvre des productions Disney et au-delà.
(15.50 euros, 152 p.) *ISBN : 978-2-296-99495-9, ISBN EBOOK : 978-2-296-50735-7*

ANDREI TARKOVSKI – Spatialité et habitation
Devidts Pierre
Entre *Solaris* et *Le Sacrifice*, Andrei Tarkovski a élaboré une nouvelle manière de représenter la spatialité au cinéma. Cet ouvrage tente de décrypter ce phénomène de l'habitation comme structure et valeur constituante des films du cinéaste.
(Coll. Champs visuels, 13.50 euros, 128 p.)
ISBN : 978-2-296-99664-9, ISBN EBOOK : 978-2-296-50607-7

CINÉMA ET AUDIOVISUEL LATINO-AMÉRICAINS – L'indien : images et conflits
Mateus Mora Angélica María
Voici une étude de l'image de l'Indien et du monde indien dans l'histoire du cinéma et de l'audiovisuel latino-américains, plus particulièrement colombiens. Sont mises en évidence les transformations de cette image depuis les premiers films de «découverte» jusqu'à l'appropriation contemporaine du cinéma et de la vidéo par les cultures indiennes, permettant l'expression critique des formes de domination politique, économique, sociale et culturelle.
(Coll. Champs visuels, 27.00 euros, 272 p.)
ISBN : 978-2-296-99706-6, ISBN EBOOK : 978-2-296-50529-2

INDIENS DU BRÉSIL – (in)visibilités médiatiques
Thomas Erika
Cet ouvrage interroge la circulation des images ambivalentes de l'Indien du Brésil. À partir de l'analyse de films documentaires et de grands classiques de la fiction cinématographique brésilienne, l'auteur problématise l'écart entre la représentation stéréotypée et instrumentalisée de l'Autre et l'expression d'un Soi indigène qui questionne l'historiographie, l'ignorance de la société brésilienne et qui se constitue comme une quête de reconnaissance et de visibilité.
(Coll. Audiovisuel et communication, 20.00 euros, 202 p.)
ISBN : 978-2-336-00289-7, ISBN EBOOK : 978-2-296-50651-0

***MOUCHETTE*, DE ROBERT BRESSON**
Ou le cinématographe comme écriture
Weyl Daniel
Mouchette conte le calvaire en milieu rural d'une adolescente misérable qui, ayant perdu sa mère après avoir été violée par un braconnier, se suicide. Il ne s'agit pas, comme dans le roman de Bernanos qui l'inspira, de complainte apitoyée. Ce n'est pas davantage un plaidoyer contre le viol, ni même une enquête psychosociologique qui ferait sa part à la complexité mais un poème dédié à la grandeur de l'âme humaine.
(Coll. Champs visuels, 15.50 euros, 154 p.)
ISBN : 978-2-296-96276-7, ISBN EBOOK : 978-2-296-50196-6

MURNAU – Ou les Aventures de la pureté
Hodin Claude
A travers une série d'études sur les films de F. W. Murnau, consacrées à divers aspects de l'oeuvre de ce grand cinéaste, on voit se manifester l'obsession

d'une *pureté* qui ne peut donner lieu à des films que sous des formes qui la compromettent et la *dénoncent* - comme le givre, disait Cocteau. Peut-on donc *filmer* la pureté ? Murnau nous montre que tout peut être sujet à *apparition*, y compris la transparence.
(Coll. Champs visuels, 21.00 euros, 216 p.)
ISBN : 978-2-296-99667-0, ISBN EBOOK : 978-2-296-50335-9

WERNER SHROETER (VOLUME 1)
Courant Gérard
Petite intrusion dans l'univers incandescent de Werner Schroeter a été filmé à l'occasion de la rétrospective que le Centre Pompidou a organisé en décembre 2010 et janvier 2011 en son honneur. *In Memoriam Daniel Schmid Werner Schroeter* est la captation de deux hommages consacrés à ces deux cinéastes amis décédés, le premier, en présence d'Ingrid Caven, Bulle Ogier et Renato Berta, le second, en présence d'Isabelle Huppert et Serge Toubiana.
(25.00 euros, 0 p.) *ISBN : 9782-296-56732-0*

WERNER SCHROETER (VOLUME 2)
Courant Stéphane
À l'occasion de la présentation du *Règne de Naples* à la Quinzaine des Réalisateurs du Festival de Cannes 1978, puis à la suite de son Ours d'or remporté au Festival de Berlin 1980, avec *Palermo oder Wolfsburg*, Werner Schroeter a accordé deux entretiens audios à Gérard Courant, qui a mis ces bandes sonores en images en utilisant des photos, affiches, programmes, extraits de films et collages... Avec en bonus un document rare : une des dernières apparitions du cinéaste à Paris.
(25.00 euros, 0 p.) *ISBN : 9782-296-56733-7*

JEAN ROUCH
Des mensonges plus vrais que la réalité
Richard Jacques
Quelques mois avant sa disparition tragique au Niger, Jean Rouch, inventeur du « cinéma vérité », évoque avec émotion son enfance, son père, la nouvelle vague, la cinémathèque française et... Henri Langlois. Aspirant au « merveilleux permanent », Jean Rouch raconte son « paradis perdu » et son goût pour « le vent de l'éventuel »...
(20.00 euros) *ISBN : 978-2-296-57456-4*

CINÉMA MA BELLE INTRIGUE
Richard Jacques
Depuis plus de cent dix-sept ans ans, le cinéma fait rêver les foules, mais qui connaît vraiment l'envers du décor ? La façon dont se tourne un film de fiction ? En quoi consiste le travail de chacun des membres d'une équipe ? Des professionnels du cinéma français répondent aux questions, décrivent leurs gestes, invitent à comprendre le sens profond de leur métier : Claude Lelouch, Darius Khondji, Gilles Taurand, Christine Gozlan, Alain Depardieu, Valérie Pozzo di Borgo...
(20.00 euros) *ISBN : 978-2-296-57449-6*

L'HARMATTAN, ITALIA
Via Degli Artisti 15; 10124 Torino

L'HARMATTAN HONGRIE
Könyvesbolt ; Kossuth L. u. 14-16
1053 Budapest

ESPACE L'HARMATTAN KINSHASA
Faculté des Sciences sociales,
politiques et administratives
BP243, KIN XI
Université de Kinshasa

L'HARMATTAN CONGO
67, av. E. P. Lumumba
Bât. – Congo Pharmacie (Bib. Nat.)
BP2874 Brazzaville
harmattan.congo@yahoo.fr

L'HARMATTAN GUINÉE
Almamya Rue KA 028, en face du restaurant Le Cèdre
OKB agency BP 3470 Conakry
(00224) 60 20 85 08
harmattanguinee@yahoo.fr

L'HARMATTAN CAMEROUN
BP 11486
Face à la SNI, immeuble Don Bosco
Yaoundé
(00237) 99 76 61 66
harmattancam@yahoo.fr

L'HARMATTAN CÔTE D'IVOIRE
Résidence Karl / cité des arts
Abidjan-Cocody 03 BP 1588 Abidjan 03
(00225) 05 77 87 31
etien_nda@yahoo.fr

L'HARMATTAN MAURITANIE
Espace El Kettab du livre francophone
N° 472 avenue du Palais des Congrès
BP 316 Nouakchott
(00222) 63 25 980

L'HARMATTAN SÉNÉGAL
« Villa Rose », rue de Diourbel X G, Point E
BP 45034 Dakar FANN
(00221) 33 825 98 58 / 77 242 25 08
senharmattan@gmail.com

L'HARMATTAN TOGO
1771, Bd du 13 janvier
BP 414 Lomé
Tél : 00 228 2201792
gerry@taama.net

654062 - Mai 2016
Achevé d'imprimer par
1livre.com
du rêve à la réalité !